공동 뇌 프로젝트

이 책은 2025년도 포스텍 융합문명연구원의 지원을 받아 출간되었습니다.
This book published here was supported by the POSTECH Research Institute
for Convergence Civilization (RICC) in 2025.

공동 뇌 프로젝트

뉴노멀 시대,
융합과 창의성을 위한
미래 역량 교육

900 + 동아시아문화총서

김재인 지음

**"미래의 융합 교육에는
확장된 언어력, 인문학이 답이다!"**

동아시아

들어가며

융합, 창의성, 미래 역량 교육은 '공동 뇌'로 수렴한다

이 책에서는 '융합'이라는 주제를 둘러싼 담론과 실천에서 다음의 세 가지 요점을 주장하고 입증하려 한다. 첫째, 융합은 개인의 성취라기보다 협업의 산물이다. 창의성을 발현하기 위해서는 개인의 자질에 의존하기보다 시스템을 다져야 한다. 둘째, 인간은 개체가 아니라 집단으로 이해해야 한다. 개인 지능보다 중요한 것은 공동 뇌다. 셋째, 모든 개인에게 공통 핵심 역량인 '확장된 언어력'을 교육한 후 이를 토대로 전문 역량을 키워줘야 한다. 이 책은 융합, 창의성, 미래 역량 교육을 위한 종합적이고도 체계적인 제안을 목표로 삼는다. 동시에 논의 과정에서 인공지능과 인간의 차이를 다루는 일을 소홀히 다루지 않는다. 이런 고찰은 인간의 고유함을 발견하는 데 도움이 될 것이다.

1장은 융합의 시도가 대부분 실패했다는 현실 진단에서 출발한다. 나는 실패의 원인이 융합의 개념을 오해한 데서 비롯했다고 진단한다. 오늘날에는 르네상스형 인간이 되는 것이 불가능하다. 그것은 지식의 양이 많지 않은 시절에나 가능했던 전설 속 인간형이다. 최근까지도 '융합 인재 양성'이라는 잘못된 목표 설정이 이어지고 있는데, 이 과제는 잘못된 개념 정의에서 비롯하기에 실패할 수밖에 없는 운명을 지녔다. 개인에게 두 가지 이상의 전문성을 익히게 하여 융합적 결과를 내겠다는 것은 가장 잘못된 접근 방식이다. 오히려 개인은 한 분야의 전문성을 더 길러야 한다. 그러면서 전문성을 갖춘 개인이 다른 전문가와 협업할 수 있어야 한다. 요컨대, 융합은 전문가 간의 협업에서 성립한다. 하지만 지금까지는 협업의 기본 요건인 관계와 소통의 역량을 갖추지 않은 채 전문가에게 협업하라고 권하기만 했다. 나는 협업의 기초로 모든 시민이 공통 핵심 역량을 먼저 갖추자고 제안한다. 그 역량은 바로 인간과 세상을 읽고 쓰는 능력이다. 그러나 21세기에 오면서 읽고 쓰는 도구인 언어는 과거의 자연어 범위를 훨씬 넘어섰다. 한국어, 영어, 중국어 같은 자연어에 덧붙여 수학, 자연과학(물리학, 생명과학, 뇌과학 등), 기술, 예술, 디지털 등의 언어, 즉 '확장된 언어'를 읽고 쓰는 것이 필수적이다. 나는 이러한 능력을 '확장된 언어력'이라고 명명한다. 그리고 확장된 언어력 교육은 '확장된 인문학'이 담당해야 한다고 주장한다. 왜 하필 '인문학'이 교육의 역할을 담당해야 하는지에 관해서는 3장에서 자세히 다루었다.

2장은 역사와 문화를 검토하면서, 창의성이 발현되기 위한 사회적·문화적 토양을 탐구한다. 무엇보다 인간의 특징을 개인이 아닌 집단 기억, 공동 지능, 공동 뇌에서 찾는다. 지금까지 많은 사람이 창의성을 개인의 자질에서 찾으려 했지만 큰 소득을 얻지 못했다. 뭔가 소득이 있었다면 그것을 바탕으로 창의적 개인이 더 많이 등장했을 텐데, 그랬다는 유의미한 증거를 관찰하기 어렵다. 오히려 역사가 보여주는 바에 따르면, 창의적 개인은 홀로 등장한 적이 없고 특정한 지역과 시대에 집중적으로 여럿이 동시에 등장했다. 기원전 4세기 전후 아테네를 중심으로 한 그리스(소크라테스, 플라톤, 아리스토텔레스를 비롯한 수많은 철학자), 14세기 전후 피렌체를 중심으로 한 이탈리아(단테, 보카치오, 마키아벨리, 레오나르도 다빈치, 미켈란젤로, 라파엘로 등의 문학가, 사상가, 예술가), 17세기 암스테르담을 중심으로 한 네덜란드(대표적으로 예술가 렘브란트와 철학자 스피노자), 18세기 에든버러를 중심으로 한 스코틀랜드(대표적으로 철학자 데이비드 흄과 정치경제학자 애덤 스미스) 등이 그 증거다. 다름 아닌 그 시기에 그 지역을 중심으로 수많은 천재가 등장한 비결은 무엇일까? 미하이 칙센트미하이는 창의성을 개인이 아닌 시스템 관점에서 보아야 한다는 흥미로운 주장을 내놓았다. 창의성은 개인뿐 아니라, 역사적 유산인 '문화'와 동시대 현장 전문가의 '사회'가 함께 작동할 때 발현된다는 말이다. 나는 칙센트미하이의 논의를 발전시켜 문화, 사회, 개인이 각각 어떤 역할을 해야 좋을지 뇌과학, 고생물학, 고고학, 인류학, 역사학, 사회학, 철학, 심리학, 교육학의 성과들을 종합해 방안을 제시했다. 한편으로 인류는 관계적 존재로서 함께 기여했고(모방의 측면), 다른 한편 개인은 도주하고 일탈하는 실험을 통해 새로운 발견과 발명을 성취했다(발명의 측면). 모방과 발명의 조화는 인류 발전의 원동력이다.

　3장은 확장된 언어, 확장된 언어력 교육, 확장된 인문학을 제안한다. 나는 지금까지 융합이 잘 이루어지지 못한 가장 중요한 원인을 '학술 연구'와 '교육'을 혼동한 데서 찾았다. 특히 고등교육기관인 대학은 학술 연구와 교육이 혼재되어 있다. 그 중심에는 교수가 있는데, 교수는 한편으로는 연구자면서 또 한편으로는 교육자다. 문제는 교수가 연구자 훈련을 충분히 밟아온 것에 반해 교육자 훈련은 거의 받은 적이 없다는 데 있다. 대학교 저학년 교육의 담당자가 대부분 교육의 아마추어라는 점은 뼈아픈 진실이다. 교육학을 배우지도 교육 실습을 해보지도 않은 채, 홀로 교수법을 습득한 독학자가 고등교육을 담당하고 있는 셈이다. 따라서 학술 연구와 교육을 적절하게 분리해, 각각의 역할을 올바로 수행하는 것이 오늘날 필요한 고등교육의 출발점이다. 나는 고등교육의 이원화를 주장한다. 우선, 고등교육의 일환으로 공통 핵심 역량 교육이 시행되어야 하며, 초중등 교육에서 시작해 고등교육에서 마무리되는 방식으로 진행되어야 한다. 이를 토대로 삼아, 그다음 단계에서는 전문 역량 교육이 이루어져야 한다. 전문 역량 교육은 직업 교육과 학술 연구라는 두 축으로 진행될 수 있다. 일반 시민에게는 직업 교육 과정을, 미래의 학술을 짊어질 학문 혁신 세대에게는 학술 연구 과정을 제공하지만, 이 두 축은 서로 배타적이지 않다. 이 교육과정이 운영되면, 그리 길지 않은 시간 안에 전문가의 협업이 자연스럽게 이루어질 것이다. 전문가로서 훈련하기 전에 공통의 언어를 습득해 언제라도 소통하고 협업할 준비가 되어 있을 것이기 때문이다.

본론에 들어가기에 앞서, 각 장의 주제가 어떻게 '공동 뇌'로 수렴하는지 거칠게나마 살펴보려 한다. 1장의 주제는 '융합은 전문가의 협업을 통해 발생한다'로 요약된다. 나는 '융합 인재'라는 개인 중심적 허상을 극복하려 했다. 전문가의 협업에서 분출하는 혁신적인 아이디어와 실험이야말로 개인주의를 넘어서는 시스템적 실천을 가능케 한다. 요컨대, 융합은 개인의 뇌가 아니라 개인 뇌들의 만남의 장소, 즉 공동 뇌에서 이루어진다. 2장의 주제는 '창의성은 공동 작업의 산물로서 누적되고 전승된다'로 요약된다. 설사 천재적인 개인이 창의적인 발견과 발명을 해낼지라도 그것이 개인적이고 우연한 사건으로 휘발되지 않으려면 집단이 그 성취를 이어받아 보존하고 전승해야 한다. 창의성은 거인들의 어깨를 딛고 분출하며 인류 전체의 기억에 담겨 보존될 때 의미가 있다. 보존되고 누적되고 전승된 인류 전체의 기억이 바로 공동 뇌다. 3장의 주제는 '공통 핵심 역량 교육은 확장된 언어력, 확장된 인문학을 통해 이루어진다'로 요약된다. 확장된 인문학은 1장에서 다룬 '전문가의 소통과 협업'을 가능케 하는 기반이다. 확장된 언어력은 개인들을 넘어 아이디어가 충돌하고 수렴하는 장소를 형성한다. 바로 이 지점에서 공동 뇌가 성립한다. 공동 뇌는 동아리나 회사 수준에서 형성될 수도 있고, 지역이나 국가 수준에서 형성될 수도 있으며, 몇몇 국가 연합이나 인류 수준에서 형성될 수도 있다. 각 수준에서 형성된 공동 뇌는 서로 충돌할 수도 있지만, 서로의 차이를 유지한 채 조화를 이룰 수도 있다. 적어도 공동 뇌는 물리력에 선행하는 '생각의 힘'을 둘러싸고 형성되기 때문에 공동 뇌를 만들기 위한 다양한 실험이 이루어질 가능성이 크다.

'공동 뇌'라는 아이디어는 이 책을 집필하던 도중에 생겨났다. 앞 문단에서 그 과정을 간략히 언급했다고 생각한다. 하지만 출판 기한이 정해져 있는 과제의 보고서인 이 책은 공동 뇌라는 착상을 더 발전시킬 수 없었다. 추후 이 주제를 더 구체화하고 확장할 여유가 생겼으면 하는 바람이다.

끝으로 이 책이 나오기까지 특별히 감사를 표해야 할 분들이 있다. 이 책은 포항공과대학교 인문사회학부 융합문명연구원 '과학 문명 담론' 연구총서 간행 지원을 받았다(본 저서는 포스텍융합문명연구원의 지원을 받아 연구되었음). 당시 원장이었던 박상준 교수께 깊은 고마움을 드리고 싶다. 기한이 정해진 원고를 마칠 수 있었던 것은 전적으로 박상준 교수의 배려 덕분이다. 다섯 권이나 단독 저서를 출간해 준 동아시아 출판사 한성봉 대표와 편집부께 감사드린다. 아내와 아이들에게도 커다란 미안함과 감사를 표하고 싶다. 아이들이 자라 이제는 아빠의 책을 함께 읽어주기도 하니 대견하다는 생각이 든다. 끝으로 K-민주주의의 실험을 통해 독자적인 공동 뇌를 만들고 있는 대한민국 시민에게도 따뜻한 응원을 보내고 싶다.

CONTENTS

1장
융합에 대한 오해

2장
공동 뇌 프로젝트

3장
미래 역량 교육

1장

융합에 대한 오해

1. 융합의 과정: 다윈의 사례

'융합', '복합', '융복합', '통섭', '초학제超學制', '학제學際' 등 조금씩 표현은 다를지라도, 이런 용어로 지칭하고자 하는 흐름은 언제부터인가 연구와 실천의 방식으로 대세를 이루고 있다. 한국에서는 대체로 2000년대 중반 무렵에 유행하기 시작했다고 보면 좋을 것이다. 관련된 논의의 대부분은, 2005년 최재천 교수가 에드워드 윌슨Edward Wilson의 저서(1998년 출간)를 '통섭consilience'이라고 옮겨 소개하면서 폭발하기 시작했다는 데 동의한다.[1] '통섭'은 자연과학을 중심으로 다

---

1   에드워드 윌슨, 『통섭』, 최재천·장대익 역, 사이언스북스, 2005.

른 활동을 복속하려는 주장이라며 반론도 많이 제기되었다.[2] 나는 '통섭'이라는 용어를 둘러싼 논의에 휘말리지 않으면서, 이런 전반적인 경향을 지칭하기 위해 '융합'이라는 단어를 사용할 것이다. '융합'은 논란의 여지 없이 누구나 사용하기 좋은 용어라고 생각한다.

융합과 관련한 유감스러운 소식은 지속적인 성공 사례가 보고되고 있지 않다는 점이다. 이는 융합 작업에 성공하는 '방안' 혹은 '방법'을 아직 잘 모른다는 징표기도 하다. 결과물이 나온 후에 그것이 융합의 산물이라고 평가하는 일은 왕왕 있었다. 가령, 스티브 잡스의 걸작 '아이폰'은 융합의 산물로 잘 알려져 있다. 이처럼 결과에 대해서는 어느 정도 사회적 합의가 가능하다. 하지만 융합의 결과물이라고 일컬어지는 성과물의 숫자는 그다지 많지 않다. 융합은 역사적으로도 매우 드문 사건이다.

그렇다면 어떻게 해야 융합 작업에 성공할 수 있을까? 이 물음에는 여전히 답이 없어 보인다. 중요한 건 결과물을 낳게 해주는 방법, 즉 '어떻게'일 텐데 말이다. 과연 융합의 방법은 있기나 한 걸까? 어떻게 해야 융합을 성공적으로 수행할 수 있을까? 나는 융합의 핵심을 개인의 자질에서 찾기보다 개인들의 협업에서 찾아야 한다고 주

---

2 이 용어와 책에 대한 비판에 관해서는 대표적으로 홍성욱, 「21세기 한국의 자연과학과 인문학」, 최재천·주일우 엮음, 『지식의 통섭: 학문의 경계를 넘다』, 이음, 2007; 이남인, 『통섭을 넘어서: 학제적 연구와 교육의 활성화를 위한 철학적 성찰』, 서울대학교출판문화원, 2015 참조.

장할 것이다.

나는 우선 찰스 다윈^{Charles Darwin}이 진화론을 발견하는 과정에서 힌트를 찾았다. 비록 무의식적이기는 했지만 다윈은 융합의 방법을 통해 진화론을 발견할 수 있었다. 다윈이 살던 19세기 초중반에는 오늘날과 같은 학문 분류 체계가 존재하지 않았다. 1831년부터 1836년까지 약 5년 동안 비글호를 타고 항해한 후 런던에 돌아온 다윈은 자연사학자로서, 더 정확하게는 지질학자로서 명성을 얻었다. 그때까지만 해도 다윈은 진화론을 상상조차 하지 못하던 상태였다. 하지만 그에게는 풀고 싶은 '문제'와 앞으로 의미를 파악해야 할 '증거'가 있었다.

당시 영국의 자연사학자들은 여러 가지 의문을 가지고 있었다. "신의 섭리를 통해 생명을 설계했다면 정확히 어떻게 한 것일까? 왜 어떤 종들끼리는 서로 비슷하고 다른 종과는 다른가? 모든 생물종이 태초에 한꺼번에 생겨났을까, 아니면 시간을 두고 하나하나 창조되었을까?"[3] 다윈도 같은 의문을 품고 있었다. 이에 덧붙여 다윈은 비글호 여행을 통해 화석, 식물, 새, 편형동물 등 많은 표본을 확보한 상태였다. 이것들은 훗날 증거 역할을 한다.

다윈은 자신의 전문 분야를 넘어 융합적 방법으로 이 문제에 접

---

3 칼 짐머, 『진화』, 이창희 역, 웅진지식하우스, 2018, 72쪽.

근했다.[4] 먼저 자신이 가져온 포유류 화석을 '해부학자' 리처드 오언Richard Owen에게 분석해 달라고 의뢰했으며, 갈라파고스에서 채집해 온 새 표본은 '조류학자' 제임스 굴드James Gould에게 보냈다. 오언은 화석 생물들이 오늘날 남아메리카에 사는 동물의 덩치 큰 변종이라고 결론 내렸다. 이에 다윈은 왜 멸종한 동물들과 같은 지역에 살고 있는 동물들 사이에 연속성이 있는지, 그것들은 혹시 멸종한 동물들의 변형된 후손은 아닌지 궁금했다. 굴드는 다윈이 핀치, 굴뚝새, 검은지빠귀 등 서로 다른 종이라고 생각했던 새들이 모두 핀치라고 알려주었다. 이에 다윈은 핀치들이 원래 현재와 같은 모습으로 있던

[그림 1] 다윈의 노트에 나오는 생명의 나무 스케치, 1837년 7월.

게 아니라 진화한 것이 아닐까 하는 생각을 품게 되었다. 그리하여 다윈은 저 유명한 '생명의 나무'를 그리게 되었다.

이 위험한 생각을 입증하기 위해 다윈은 다른 증거도 수집하기 시작했다. 형질이 어떻게 한 세대에서 다음 세대로 전달되고, 그 과정에서 어떻게 변하는 걸까? 다윈은 동식물 '육종' 경험이 많은 정원사, 동물원 관리인, 비둘기 기르는 사람 등에게 물어봤다. 토머스 맬서스Thomas R. Malthus의 『인구론An Essay on the Principle of Population』(1826)에서 아이디어를 얻기도 했다. 동식물이 지나치게 많은 자식을 낳는다는 맬서스의 이야기로부터, 특정 조건에서 이들 중 더 잘 살아남은 형질을 가진 놈들이 집단에서 다수가 될 수 있다는 힌트를 찾았다. 이 아이디어는 농부의 작물 교배 과정을 통해 뒷받침될 수 있었다.

이런 연구 과정이 진척된 뒤에 다윈은 '식물학자' 조지프 후커Joseph D. Hooker에게 자신의 연구 결과를 평가해 달라고 요청했다. 다윈은 동식물이 섬에서 태어난 게 아니라 먼 곳에서 왔다고 주장했는데, 후커는 그러려면 적절한 이동 수단이 필요하다고 지적했고, 다윈은 실험을 통해 그것이 가능하다는 걸 입증했다. 비둘기 '교배 전문가'의 도움으로 한 종의 비둘기에서 다양한 종의 비둘기가 나왔다는 사실을 입증하기도 했다. 끝으로 결과물을 공개하기 전에 '동물학자' 토머스

---

4 아래의 실증적 내용은 짐머(2018)의 1장, 2장 중 필요한 대목을 요약 정리한 것이다.

헉슬리Thomas H. Huxley에게 연구 결과를 납득시킬 수 있었다.

2. 보편적 작업으로서의 융합의 본질과 조건

이런 일련의 과정은 융합 연구의 본질을 보여준다. 첫째, 다윈에게는 문제와 데이터(증거)가 있었다. 문제는 풀어야 했고, 데이터는 해석해야 했다. 둘째, 다윈은 자신이 모르는 분야에 대해서는 전문가에게 자문했다. 학자인 오언, 굴드 등과 현장의 전문가인 정원사, 동물원 관리인, 비둘기 기르는 사람 등이 자문역이었다. 셋째, 다양한 분야의 논의에서 힌트를 찾았다. 예컨대, 정치경제학자 맬서스의 인구론이 진화론 형성에 영감을 주었다. 넷째, 후커, 헉슬리 등 동료와 인근 분야 전문가에게 평가를 구했다.

사실 이 과정은 융합 연구뿐 아니라 모든 연구의 핵심이다. 하지만 21세기를 사는 현대인의 시각에서 놓치기 쉬운 점은, 당시 학문 분과 체계 속에서 다윈은 해부학자도, 조류학자도, 식물학자도, 동물학자도, 화석학자도 아니었다는 사실이다. 오늘날의 방식으로 말하면 다윈은 지질학자였다. 해부학, 조류학, 식물학, 동물학, 화석학 등의 분야를 본인이 직접 섭렵하지는 않았지만, 다윈은 각 분야의 전문가들로부터 조언을 '들을' 수 있었다. 다윈은 다양한 전문가의 언어를 알아들었고 그들과 소통했다. 심지어 정치경제학에서도 아이디어를 취했다. 한 가지 더 주목해야 할 점은, 다윈이 학문 바깥으로 과감히 나가 현장 전문가까지도 활용했다는 것이다. 정원사, 동물원 관리인, 비둘기 기르는 사람 등은 학자가 아니었지만 필요한 데이터를 갖고 있었고, 다윈은 과감히 이들에게서도 도움을 얻었다.

그렇다면 융합 연구의 차원에서 다윈으로부터 얻을 수 있는 교훈은 무엇일까? 사람들은 보통 융합의 결과에만 주목한다. 물론 결과물이 성공 여부를 알려주는 건 사실이다. 여기까지는 모두 동의하는 바다. 그래서 다음 단계의 질문이 등장한다. 그렇다면 '어떻게' 융합이 이루어질 수 있는가? 사람들은 대개 융합을 수행한 개인에게 주목한다. 보통 사람은 하기 힘든 일을 했기 때문에 '천재'라는 수식어를 붙이기도 한다. 나아가 그 천재가 수행한 작업의 특성을 사후 분석한다. 물론 이런 분석이 무의미하다는 건 아니다. 역사적 분석을 통해 어떤 공통점을 찾아내 하나의 방법으로 보편화하는 것도 분명 중요하다. 그러나 천재의 사례에 집중하다 보면, 융합을 '보편적 작업'보다 '예외적 작업'으로 바라보게 될 위험이 있다. 천재를 소환하면 융합은 예외적인 것으로 머물 수밖에 없다. 아무나 할 수 없는 일이기에 '천재'라고 하는 것 아니겠는가? 이 점에서 나는 다윈이라는 천재에 주목해서는 안 된다고 본다. 다윈을 분석의 출발점으로 삼되, 보편적 작업으로서의 융합의 조건을 알아내야 한다.

탁월하고 예외적인 개인적인 천재를 염두에 두지 않을 수는 없겠지만, 사실 한 개인이 모든 걸 해낼 수는 없다. 공연 기획자 세르게이 파블로비치 디아길레프Sergei Pavlovich Diaghilev는 무용수 바슬라프 니진스키Vatslav Nizhinsky, 작곡가 이고르 스트라빈스키Igor Stravinsky, 미술가 파블로 피카소Pablo Picasso, 디자이너 코코 샤넬Coco Chanel 등을 모아 20세기 초 예술계를 풍미했다. 로버트 오펜하이머Robert Oppenheimer는 그 자신이 수학과 물리학 외에도 어학과 문학에 탁월한 실력을 보였지만, 제2차세계대전 말 2년 7개월 동안 원자폭탄을 만드는 과정에서 발휘한 리더십이야말로 융합의 정수를 보여준다. 이처럼 잡스나 다윈뿐 아니라 디아길레프나 오펜하이머에 이르기까지, 탁월한 개인은 혼자서 일을 수행했다기보다 전문가들을 연결하는 일종의 '교섭자' 혹은 '협상 중재자' 역할을 했다. 전문가들이 없었다면 융합의 결과물도 나올 수 없었겠지만, 교섭자나 중재자가 없더라도 전문가의 연결 혹은 협업이 그 자체로 이루어질 수 있다면 뭔가 그럴듯한 결과물이 나오리라 예상할 수 있다. 나는 이 지점에서 출발해 융합이 이루어지기 위한 보편적 조건을 찾아야 한다고 본다.

본디 융합은 '협업'이다. 영어로 융합convergence이라는 말부터가 벌써 '여럿을 하나로 수렴한다con·verge'는 뜻이다. 나는 다윈의 사례에서 무엇보다 그의 탁월한 소통 능력에 주목하고 싶다. 소통은 언어 능력을 전제한다. 언어 이해가 소통의 충분조건은 아니지만, 최소한 언어를 이해하지 못하면 소통할 수 없다. 전통적으로 언어 활용 능력을 '문자력literacy'이라 불렀다.[5] 문자력은 다름 아니라 읽고 쓰는 능력이다. 이에 더해 오늘날에는 확장된 문자력이 요구된다. 한국어, 영어, 중국어처럼 일상에서 사용하는 자연어라는 좁은 의미의 언어에 국한하지 않고 확장된 언어, 즉 수학, 자연과학, 기술, 예술, 디지털 등 오늘날 인간과 세계를 이해하는 데 꼭 필요한 '데이터 소통 수단'이 관건이다. 후자는 '자연어'와 대비해 '인공어'라 부를 수 있을 것이다. 요컨대, 자연어와 인공어를 둘 다 다루는 능력을 '확장된 언어력'이라 부를 수 있을 테고, 이것이 오늘날 모든 소통의 선결 조건이다.

다윈은 자기 전문 분야인 지질학뿐 아니라 해부학, 조류학, 식물학, 동물학, 화석학을 활용하고 현장의 언어를 구사할 수 있었다. 이를 통해 자신의 문제를 푸는 데 필요한 조언을 얻었다. 물론 당시 학문 분과가 오늘날처럼 소통 장벽이 높지 않았다는 점과 오늘날 학문 분과를 넘나드는 소통이 훨씬 어려워졌다는 점을 지적할 수는 있다.

---

5 리터러시(literacy), 즉 읽고 쓰는 능력은 1차로 '문자(letter)'와 관련된다는 점을 간과해서는 안 된다. 즉, 리터러시는 문자를 읽고 쓰는 능력이다. 이 능력은 타고난 능력인 '듣고 말하는 능력'과는 달리 후천적으로 교육을 통해 애써 습득해야 하는 능력이다. 즉, 언어 활동의 여러 차원 중에서 특정한 위상을 차지한다. 그래서 그에 걸맞게 위치를 지정해 주어야 혼란이 없다. 이 점을 고려하면 '문해(文解)'라는 용어는 '독해(讀解)'와 뜻이 같다는 점에서 충분하지 않다. 오히려 어색하더라도 '문자력(文字力)'이 리터러시의 번역어로 적합하다. 문자력이라고 하면 누구나 '문자를 읽고 쓰는 능력'이라고 연상할 수 있다. 참고로, 유네스코와 OECD에서는 '문자력'과 '수리력(numa-racy)'이 둘 다 중요하다고 강조한다. 나는 '문자력'과 '수리력'에 더해 '예술력'까지 포함해 '확장된 언어력'이라고 칭한다.

하지만 현재의 논의 맥락에서 이런 특성들은 당분간 크게 문제 삼을 필요는 없으리라 본다. 소통 가능성의 발판인 언어력이 중요하다는 점이 핵심이다. 예나 지금이나 이것이 어려운 문제이므로 천재를 기다릴 수밖에 없었던 것이기도 하다.

그렇다면 오늘날 확장된 언어력은 어떻게 길러질 수 있을까? 3장에서 자세히 다루겠지만, 나는 교육이 그 역할을 해야 한다고 주장한다. 교육을 통해 일상적인 언어에 덧붙여 수학, 자연과학, 기술, 예술, 디지털 등 확장된 언어 능력을 갖추도록 하는 것이 핵심이다. 확장된 언어력이 없다면 다른 분야의 조언을 구할 수 없다. 융합 작업에서 소통의 어려움을 호소하는 경우가 많다. 이는 작업에 참여하고 있는 구성원이 확장된 언어력을 기본으로 갖추지 못한 탓이다. 이 능력을 갖추는 일이 그동안은 예외적 개인에게서 다소 우연히 일어났기 때문에, 어쩔 수 없이 천재를 기다릴 수밖에 없었다. 그러나 개인이 아니라 시스템으로 접근해야 한다. 시스템 역량을 키워야 한다. 그것의 핵심에는 확장된 언어력이 있다. 이를 길러주는 교육이 필수다.[6]

3. 융합 인재 교육은 어불성설이다

융합은 결과다. 결과를 보니까 기존의 전문 분과 어느 하나로부터는 나올 수 없었다는 회고형 평가다. 따라서 융합적 결과를 '향한' 방법이란 없다. 여건을 만들어 그로부터 좋은 결과가 나오기를 기대

6 나는 교육 문제와 관련해 최근 연구한 보고서에서 다음과 같이 주장했다. 김재인·김시천·신현기·김지은, 「뉴리버럴아츠(A New Liberal Arts) 인문학의 정립: 뉴노멀 시대 한국 인문학의 길」, 경제·인문사회연구회 정책보고서, 2021, 50~51쪽. "우리는 과거의 리버럴아츠 전통을 갱신해서 '뉴리버럴아츠(New Liberal Arts)'로서의 인문학을 제안한다. … 리버럴아츠칼리지를 단순 수용하는 것이 아니라면, '새로움(new)'은 어디에 있는가? 가장 중요한 것은 인문학의 핵심에 놓여 있는 '언어(文)'의 의미를 확장하고 재정의하려 한다는 데서 찾을 수 있다. / 근대에 이르기 전까지 '언어'는 인간과 사회와 자연을 이해하는 가장 중요한 도구였다. 세상은 느리게 변했고, 고전은 거듭 읽혔다. 갖춰야 할 최초의 능력은 문자력(literacy)이었다. 문자력이 있어야 기본 데이터를 습득할 수 있었다. 하지만 근대는 이를 송두리째 뒤집었다. 언어로 표현하거나 포착할 수 없는 세계가 발견된 것이다. 갈릴레오가 말했듯, 그것은 '수학의 언어'로 쓰여 있다. 이제는 지식을 얻기 위해 언어뿐 아니라 수학도 알아야만 한다. 그런데 오늘날 언어와 수학이 전부가 아니다. 오늘날 '문자력'의 용법은 매우 확장되었다. 데이터를 얻고 내용을 이해하기 위해 곳곳에 이 용어가 쓰인다. '디지털 리터러시', '통계 리터러시', '과학 리터러시', '미디어 리터러시', '예술 리터러시' 등 '문(文)', 즉 '언어'가 지칭하는 바가 아주 다양해진 것이다. / 인문학이 '비판 정신'을 간직하면서도 이들 다양한 '언어력'을 가르쳐야 한다는 점은 명약관화하다. 그것이 시대의 요청이다. 최근까지도 문사철 인문학은 '문자력'만 강조했을 뿐 수학, 자연과학, 사회과학, 예술 등 '확장된 언어력'에는 무관심하거나 무능했다. 인문학의 갱신이 요청되는 이유 중 하나다. 실제로 미국의 리버럴아츠칼리지는 '언어'의 재정의라는 문제의식을 내장하고 있을지는 몰라도 명료하게 정의하고 있지는 않다. 이와 달리 우리는 뉴리버럴아츠 인문학이 수학, 과학, 예술을 포용하며 포용해야 한다고 적극적으로 주장한다. 그것이 인문학의 본령이다. / 언어의 이런 확장은 오늘날 아주 중요한 함의를 갖는다. 예를 하나 보겠다. 기원전 3천 년에 페니키아인이 지중해 전역에 걸친 최초의 무역 왕국을 건설할 수 있었던 출발점은 무엇일까? 비밀은 뿔고둥에 있었다. 페니키아인은 뿔고둥의 독샘에 든 자줏빛 액체에서 진한 자주색 염료를 생산하는 법을 발견했다. 이 자원은 대단히 귀했고 비쌌으며 쉽게 고갈되었고 수요가 많았다. 얕은 물에서 6~7년을 사는 뿔고둥이 절멸하면 더 깊은 물로 가야 했고, 페니키아인은 뿔고둥이 풍부했던 서식지가 고갈될 때마다 해안을 따라 지중해 전역으로 이동했다. 이 과정에서 튼튼한 배를 만들기 위한 원료인 레바논시다 숲을 착취했고, 항해와 원양 기술을 발달시켰으며, 바다를 장악하고 새로운 자원을 개척하며 새로운 거래처를 확보했다. 교역로를 보호하기 위해 전함을 포함한 상단을 운영했고, 저장 용기로서 유리 제품을 개발했으며, 늘어난 노동 수요를 충당코자 노예를 거래했다. 이처럼 하나의 역사적 사건이 전개되는 과정을 이해하기 위해서는 지리, 생물학, 정치 등에 대한 이해가 필요하다. 뿔고둥과 레바논시다의 생태를 이해해야 페니키아의 흥망성쇠가 비로소 해명될 수 있다. / 오늘날 세상 돌아가는 것을 알기 위해서는 물론 자립적인 삶을 살기 위해서도 확장된 언어력이 꼭 필요하다. 누가, 어디에서 이 능력을 길러줄 수 있는가? 갱신한 인문학, 뉴리버럴아츠 인문학이 이 역할을 해야 한다. 과거의 핵심 과목이었던 언어, 문학, 역사, 철학은 이제 수학, 자연과학, 사회과학, 예술의 기본 역량을 흡수해서 자신을 확장해야 한다." 원문의 '문해력'은 '문자력'이나 '리터러시' 혹은 '언어력'으로 적절히 대체했다.

하는 수밖에 없다. 토양을 비옥하게 만들고 씨를 뿌리는 일이 우리가 적극적으로 할 수 있는 일의 거의 전부다. 20년 가까이 수많은 교육자가 융합 인재 양성을 시도했지만, 대부분 성과를 거두지 못한 것도 이런 까닭이다. 만일 유의미한 성과가 있었다면, 이미 교육과정 전반에 적용하고도 남았을 텐데 몇몇 연구 논문을 제외하면 그런 결과가 있었다는 이야기는 들리지 않는다.

더욱이 교육자 본인이 융합 인재 교육을 받은 적이 없다는 사실도 치명적이다. 교육자가 융합 인재를 길러내겠다고 시도하는 것까지는 좋은데, 정작 어떻게 해야 할지는 혼자서 혹은 동료와 더불어 고민하는 게 고작이다. 융합 교육의 시도를 부정하겠다는 건 아니다. 다만 융합은 방법보다 결과물이라는 점을 놓치지 말아야 한다는 말이다. 융합 교육을 통해서는 융합 결과가 나오기 어렵고, 융합 인재 교육을 통해서는 융합형 인재가 길러지기 힘들다. 이것이 가능했다면, 꽤 긴 시간이 지났으므로 진작에 결과가 나오고도 남았을 것이다.

융합 인재 양성 실패의 원인

왜 초중고등학교 교사와 대학교수가 온통 동원됐는데도 이런 참담한 결과가 나왔을까? 애초에 전제가 틀렸기 때문이 아닐까? 역사 속에 등장하는 탁월하고 예외적인 개인을 길러내는 게 목표였다면, 실패할 수밖에 없는 게 아닐까? 아니, 수천 년 역사를 통틀어 겨우 손에 꼽을 만큼 소수인 천재를 어찌 길러낼 수 있다고 장담한 것일까? 진인사대천명盡人事待天命의 의미를 되새길 때다. 융합은 어쩌다 이루어지는 성공이다. 씨를 뿌리고 가꾸어 결실이 나오기를 바라는 농부의 자세가 필요하다.

나는 국가 주도의 잘못된 정책이 융합 인재 교육, 이른바 'STEAM'의 유행을 낳았다고 본다. 한국과학창의재단의 STEAM 교육 페이지에는 다음의 설명이 제시되어 있다. "STEAM은 과학(Science), 기술(Technology), 공학(Engineering), 인문·예술(Arts), 수학(Mathematics)의 머리글자를 합하여 만든 용어로, 과학기술 분야인 STEM에 인문학적

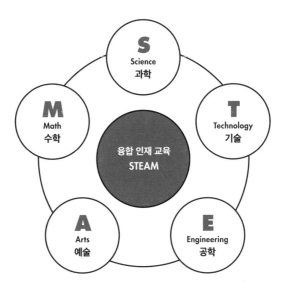

[그림 2] 한국과학창의재단에서 소개한 STEAM 교육의 도식.

소양과 예술적 감성 등을 고려하여 인문·예술(Arts)을 추가하여 만들어졌습니다."[7] 내가 알기로는 STEM과 STEAM은 미국의 교육과정 일부를 무분별하게 수입해 국내에 이식하려 했던 유행의 소산이다. 본질에 대한 성찰이 부족했기에, 오랜 세월 많은 교육 인력이 달려들어 연구하고 실험했지만 실속이 없었다. 그런데도 같은 실수가 이어지고 있으니, 지금은 본질부터 돌아봐야 한다.

설사 융합 교육이라는 것이 가능하다손 치더라도, 그것은 각 분야의 전문가가 지식과 기능을 가르치고 학습자 개개인이 이를 종합하는 데서 성립한다. 물론 교육자가 학습자의 '종합' 능력을 키우는 데 도움을 줄 수는 있다. 하지만 전문 지식과 기능을 충분히 가르치지 않고서도 종합이 이루어질 수 있다고 믿거나, 종합에만 욕심을 내느라 전문 분야의 교육이 소홀히 이루어진다면 곤란하다. 융합은 자신이 가장 잘할 수 있는 분야를 축으로 삼아, 다른 분야에서 도움을 얻어다 쓰는 능력에서 출발한다. 나는 이를 위해 확장된 언어력과 소통 능력을 강조한다.

융합의 토양: 융합은 하향식이 아니라 상향식이어야 한다

최소 20년가량 융합의 시도가 있었지만, 결과를 놓고 봤을 때 대

---

7 https://steam.kofac.re.kr/

체로 실패한 까닭은 융합에 맞지 않는 방법을 따랐기 때문이다. 좀 더 구체적으로 말하면, 그동안 융합은 이미 완성된 분과의 전문가에서 출발해 이들을 합치려는 방향으로 추진되었다. 이는 마치 분화가 끝난 체세포에서 출발해 그것의 특장점을 합치려는 시도와도 같았다. 눈과 귀와 코의 특장점을 합쳐, 보고 듣고 냄새 맡는 기능을 동시에 수행하는 감각기관을 만들겠다는 식이다. 각 분야의 전문가들을 모셔 더 나은 결과물을 빚어내려는 시도도 이와 비슷하다. 나는 이런 접근을 하향식top-down이라고 이해한다.

융합을 추진하려는 이들이 각 분야 전문가이고, 융합의 동기부여가 가장 잘된 이들도 각 분야 전문가이기 때문에, 이런 접근은 어쩌면 불가피할 수도 있다. 전문성은 훌륭한 결과를 내기 위해 꼭 필요하다. 또한 과거의 성공 사례를 분석히는 데시 출발하기 때문에, 우연한 만남의 사례들을 일반화하면서 정작 그것을 가능케 했던 구체적 조건이나 보편 원리는 찾지는 못했던 것 같다. 사실, 다양한 분야의 전문가를 모은다고 뭔가 융합적 결과물이 쉽게 만들어진다면, 그토록 떠들썩하게 '융합'을 외치는 일도 없었을 것이다. 이미 성공 사례를 열거하기에도 부족할 것이니까 말이다. 하지만 융합은 쉽지 않다. 융합의 본질도 원리도 방법도 아직 잘 모른다. 다만 가끔 목격할 수 있는 융합의 결과물만 먼저 눈에 들어올 뿐이다.

융합 연구와 실천에서 중요한 것은 보편적으로 융합을 '발생'시키는 일이다. 보편적 발생이란 누구라도 그 조건 속에 있으면 비슷한 일을 해낼 수 있다는 뜻이다. 물론 '누구라도'라는 말은 신중하게 사용해야 한다. 이 말로써 내가 지칭하려는 바는, 내가 앞으로 제시하는 조건을 충족한다면, 과거에 성공 사례를 만들어 냈던 천재, 즉 극히 희박한 확률로 존재하는 탁월하고 예외적인 개인이 아니라, 넓은 범위와 다양한 수준에서 뭔가 융합의 결과물을 내는 사람이 많아질 것이라는 뜻이다. 이 과정에서 천재가 나오지 말란 법도 없지만, 개인에게 기대지 말고 시스템을 활용하는 것이 핵심이다. 나는 이것을 기성 전문가 중심의 접근 방식인 하향식과 구분해 상향식^{bottom-up} 이라고 이해한다. 앞에서는 이런 조건 중 하나로 '소통 능력'을 꼽았다. 그 밖에 어떤 조건이 더 필요한지는 뒤에서 언급할 것이다.

4. 융합의 줄기세포

천재에게 의존하지 않는다는 말은 시스템 수준에서 융합 역량과 조건을 구축한다는 뜻이다. 그렇게 보편성을 확보할 수 있다면, 시스템을 갖춘 집단이 비교 우위에 설 수 있다. 국가 경쟁력 관점에서도 유의미한 일이지만, 나아가 인류가 지금보다 더 나은 수준으로 도약할 보편적 지반을 획득한다는 뜻이기도 하다. 이를 위해서는 대한민국이 솔선수범해 융합 선도 사회가 되어야 하리라.

그렇다면 융합의 '발생'이 가능하기 위한 보편적 조건은 무엇일까? 나는 '줄기세포stem cell'에서 답을 찾을 수 있다고 본다. 줄기세포란 여러 종류의 세포로 분화할 수 있는 미분화 세포를 의미한다. 이 단계의 세포는 아직 조직 형성 능력이 없으며, 따라서 적절하게 유도하면 장기로 배양될 수 있다. 생명윤리 차원에서, 그리고 기술 수준에서 줄기세포를 둘러싼 논란이 있기는 하지만, 개념적으로 줄기세포는 융합 연구와 실천의 좋은 본보기가 될 수 있다. 융합을 위한 줄기세포를 만들어야 한다. 그로부터 다채로운 융합이 발생할 수 있다.

그런데 가만 보면 융합과 줄기세포 사이에는 모순이 있는 것 같다. 왜냐하면 융합은 여러 가지를 한데 모은다는 뜻이고, 줄기세포는 하나가 여럿으로 분화한다는 뜻이니 말이다. 이런 겉보기의 모순은 융합의 본질을 오해한 데서 비롯한다. 융합은 '여럿을 하나로 수렴한다'라는 뜻이지만, 더 들여다보면 융합은 '기왕의 분화된 여럿에 속하지 않는 무언가의 탄생'이기도 하다. 기존 관점에서는 수렴이지만, 기존 범주를 해체한다는 점에서는 발산divergence이다. 융합과 발산이 모순이라는 생각은 오해다. 둘은 동일한 과정을 어디서 바라보느냐에 따라 다를 뿐이다.

따지고 보면 모든 전문 분과는 분화의 산물이다. 처음부터 전문 분과가 있었던 게 아니다. 역할이 정해지고 세분화되면서 전문 분과는 존재 이유를 획득했다. 융합적 결과가 나왔다고 해서, 기존 전문 분과가 사라져야만 하는 건 아니다. 여전히 제 기능을 수행한다면, 기존 전문 분과도 충분히 지속하고 발전해야 한다. 다만 생산력의 관점에서 제 기능을 더 이상 발휘하지 못하다면 자연스레 도태될 것이다. 내가 보기에 전문 분과의 밑단에는 줄기세포에 해당하는 무언가가 있다. 우리는 줄기세포에서 전문 분과가 발생하는 메커니즘에 주목할 필요가 있다.

나는 줄기세포에 대응하는 역량으로 '확장된 언어력'을 꼽는다. 현대사회에서 읽고 쓰는 능력 말이다. 더 깊은 논의는 3장으로 돌린다.

5. '융합'과 '무전공' 사이에서 갈팡질팡하는 대한민국

그렇다면 우리의 현실은 어떠한가? 교육부에서 대학이 '무전공'을 선발할 때 인센티브 20퍼센트 포인트 이상을 지원해 준다는 소식과 맞물려 대학이 논란의 소용돌이 한가운데 있다. 융합 인재 양성을 위해 꼭 필요하다는 찬성론과 기초 학문이 고사할 거라는 우려의 목소리가 맞서고 있다. 과거 광역 모집의 실패 사례를 거론하면서 또 한 번의 실패를 예상하기도 한다.

원칙적으로 무전공 선발은 환영할 일이다. 나는 대학 교육이 '확장된 언어력'을 기르는 '확장된 인문학' 교육이 되어야 한다고 생각한다. 융합 협업의 전제인 소통과 협력을 위해서는 시대에 맞는 확장된 언어력이 필수적이기 때문이다. 이 점에서 문과와 이과 구별은 물론 단과대학과 학과를 없애는 '전면 무전공 교육'이 이상적이다. 의약 계열과 사범 계열을 예외로 두는 정책도 모순이다. 미래의 의료인과 교사는 확장된 언어력을 갖추지 않아도 된다는 말인가! 20대 초반까지는 모두에게 예외 없이 공통인 핵심 역량을 가르쳐야 한다.

몇 가지 짚고 넘어가야 할 대목이 있다. 우선, 과거의 실패로 거론되는 세 가지 사례는 참고하기에 적절치 않다고 주장하려 한다. 출발부터 명백한 한계가 있었기 때문이다.

사례 1. 과거 광역 모집의 실패는 완전 무전공 선발 및 공통 핵심 역량 교육과 무관하다. 대학교 2, 3학년에 전공에 진입하자는 것이었는데, 진입 시기만 조금 늦추면서 고등학교 3학년을 대학교 1학년으로 미룬 꼼수에 불과하다. 애초에 학과를 유지하겠다는 전제로 출발했으니 실패하는 것은 당연하다. 현재 추진되는 정책 방향과 유사하다는 점에서 반면교사로 삼을 법하다.

사례 2. 자유전공학부(대학마다 명칭은 조금씩 다르다)의 경우도 마찬가지다. 입학한 후에 졸업할 학과를 정해 그 학과 수업을 듣게 하는 방식이므로, 오래 유지되어 온 학과별 모집과 차별점이 없다.

공통 과목 몇 가지 더 배우는 정도로 생색내면 안 된다.

사례 3. 카이스트(및 몇몇 과학기술원)와 포스텍을 예로 들기도 한다. 이들 대학에서는 학과 단위로 입학하지 않고, 입학 후 학교에 다니면서 학과를 선택한다. 하지만 이공계 단과대학이니, 출발에서 사실상 반쪽에 불과하다. 자연과학 계열과 공학 계열로 이루어진 대학이고, 결국 이공계 중에서 학과를 선택할 수밖에 없으므로 종합대학에서 참고할 만한 본보기가 되기 어렵다. 오히려 어릴 때부터 이공계 반쪽 교육을 받은 반쪽 인재를 반쪽 영역에서 고르게 하는 식이니, 사실상 보편적 교육 모델로는 최악이라고 평가할 수도 있다.

나는 전면 무전공 교육 실시 후 대학원 전문교육으로 가야 한다고 본다. 무전공으로 '선발'만 하면 뭐 하나? 인기학과는 교수 공급에 허덕이고 비인기학과는 폐과 위협에 시달릴 터이니. 현재 대학 현장에서 반발이 일어나는 이유이기도 하다. 만일 시류가 바뀌고 유행이 변하면, 대학은 또다시 안정을 잃게 될 것이다. 그때 가서 다시 구조조정 어쩌고 할 수는 없는 노릇 아닌가? 교수급 인재가 어디서 뚝딱 떨어질 수 있는 것도 아니다. 이 기회에 고등교육의 근본 수순을 다시 설계해야 한다.

나는 '전면 무전공 교육', 즉 공통 핵심 역량(확장된 언어력)을 키우는 '확장된 인문학 교육'이 아니라면 모든 시도가 실패할 것으로 예상한다. 부분적 도입은 혼란과 논란만 가중할 뿐이다. '무전공 선발'이라는 최악의 절충안은 결국 '교양과 전공의 구별'이라는 인습과 '취약 학과의 불안'이 타협한 결과다. 공통 핵심 역량을 키운 후, 대학원에서 전문 역량을 익히게 하는 것이 올바른 수순이다.

융합 인재가 별도로 있는 게 아니다. 융합에 참여할 수 있는 전문가가 곧 융합 인재다. 전문가로서의 역량과 더불어 다른 전문가와 소통하고 협업할 수 있어야 융합 실험이 비로소 결실을 맺을 수 있다. '무전공 선발 후 학과 진입'이라는 정책 방향은 융합 작업의 본질을 오해한 데서 비롯한다. 융합이 성공하기 위한 교육적 토대를 다지는 일이 한 개인을 융합 인재로 육성하려는 허망한 시도보다 우선시되어야 한다.

지금까지 한국의 교육은 '입시'에서 끝났다. 진짜 교육이 이루어져야 할 대학에는 아마추어 교육자가 넘쳐난다. 반드시 상기해야 할 일인데, 교수가 교육학과 교육실습을 배운 적 없이 고등교육을 담당해 온 나라가 대한민국이다. 이들이 대학원의 전문교육을 수행할 수는 있지만, 그전 단계 교육까지 전적으로 맡아온 것은 크나큰 실책이다. 대학원 과정 전 단계에서 대학 교육이 어떠해야 할지 진지하게 고민한 이가 몇이나 되겠는가? 다들 자신이 맡은 '교양과목'이나 '일반과목'을 가르치느라 급급했을 뿐이다. 지금은 교양 대학을 특성화해 운영하는 대학이 많아졌지만, 여전히 대학 교육에서 차지하는 비중은 작다. 나는 교양 대학 교과과정이 대학 교육의 전면에 와야 한다고 주장한다.

교육이 입시에서 끝나는 까닭은 입시 결과가 나머지 평생을 좌우하기 때문이다. 실제로는 그렇지 않지만, 산업화 시대를 거치며 형성된 오랜 관념의 타성 때문에 그렇게 느끼는 것일 뿐이다. 오히려 지금은 자기 계발을 포함한 평생교육이 절실하다. 그런데 평생교육을 받을 수 있는 능력은 어디서도 길러주지 않는다. 그냥 방치 상태다. 대한민국의 미래를 볼 때 인구 감소보다 더 심각한 건 교육 소멸이다. 과거에는 선진국에 외주라도 주었지만 이젠 그것도 불가능하다. 20세기로 돌아가려 한다면 모를까, 대한민국은 이미 선진국이기 때문이다.

교육부의 얼치기 정책과 대학의 보신주의保身主義가 위기를 끈적끈적하게 만든다. '고르디우스의 매듭'처럼 단박에 끊어 낼 수 없는 형편이다. 교육의 각자도생은 한 번도 제대로 문제시된 적이 없다. 경제의 각자도생은 현재의 문제지만, 교육의 각자도생은 미래의 문제다. 현재는 물론이고 미래도 포기하고 말 것인가?

6. 생성 인공지능의 도전

2016년 알파고 사건은 인공지능이 기술적 현실로 구현된 충격적인 사건이었다. 그 전까지는 인공지능이 현실의 기술이 아니라 담론이나 이론 수준에서만 존재했다고 해도 과언이 아니다. 물론 작은 진전이 없었던 것은 아니다. IBM의 인공지능 딥블루가 체스 세계 챔피언 개리 카스파로프와 대결해 이긴 것이 1997년이었고, IBM의 인공지능 왓슨이 미국의 인기 퀴즈쇼 〈제퍼디!Jeopardy!〉에서 인간 퀴즈 챔피언을 이긴 것이 2011년이었다. 이처럼 체스나 퀴즈 대결에서 승리한 사건은 있었지만, 그건 먼 나라 이야기처럼 들렸다. 그 후로도 오랫동안 인공지능은 개와 고양이조차 구별하지 못했다.

'딥러닝' 방식의 인공 신경망으로 개와 고양이를 구별하기 시작한 것은 2010년대 전반기부터였다. 그 연장선에서 체스나 퀴즈와 난이도를 비교할 수 없는 바둑에서 인공지능이 최고 실력자인 인간을 이겼다는 충격은 대단했다(바둑에서 경우의 수는 우주에 존재하는 모든 원자의 수보다 많다고 한다). 특히 한국의 서울 한복판에서 일어난 이벤트였기에 체감은 더 직접적이었다. 알파고는 '딥러닝'이라는 새로운 접근법이 실력을 발휘한다는 사실을 세상에 널리 드러낸 사건이기도 했다. 인간 뇌세포의 작동 방식을 아주 조금 흉내 내 만든 딥러닝과 더불어 드디어 인공지능이 현실에 들어왔다.

실제로 알파고는 꽤 큰 화제가 되었지만, 일반인에게 파장은 오래가지 못했다. 알파고는 바둑이라는 특정한 게임에 국한됐기 때문이다. 요즘에는 바둑을 즐기는 사람이 많지 않다. 바둑은 일부 사람들을 위한 게임일 뿐이다. 다시 말해, 바둑은 '나'와 크게 관련 없는 영역이다. 인공지능이 대단한 건 맞겠지만, 다들 나와 별 상관 없는 영역이라고 생각했다. 그러는 동안에도 인공지능 기술은 빠른 속도로 발전하고 있었지만 말이다.

2022년 말 등장한 챗GPT가 던져준 충격은 알파고와는 달랐다. 모두가 '내 문제'로 받아들일 수밖에 없었기 때문이다. 알파고 때와 지금 챗GPT 상황은 무엇이 다를까? 몇 가지 사례를 통해 확인할 수 있다. '네이버 웹툰'에서 인공지능의 도움을 받은 그림에 대해, 작가들이 보이콧하고 독자들이 별점 테러를 하는 일이 있었다. 대만에서는 게임 배경을 만드는 작가가 해고된 것에 항의하는 트윗을 올렸다. 그는 대만 개발사 '레이아크'을 퇴사한 후, 인공지능을 이용한 일러스트 생성을 비판했다. 미국에서는 성우 연합NAVA, National Association of Voice Actors이 자기들 목소리를 활용해 인공지능으로 더빙하지 말라고 시위를 벌였다. 더 최근에는 오픈AI의 GPT-4o가 유명 배우 스칼렛 요한슨의 목소리를 도용했다가 삭제하는 사건이 벌어지기도 했다.

이런 사건들은 우리에게 즉각적으로 다가오는 충격을 잘 보여준다. 기계가, 인공지능이, 인간의 가장 마지막 보루였던 창작 영역을 넘보는 것 아니냐는 의혹 말이다. 이른바 '생성 인공지능' 혹은 '생성형 인공지능'이 갖고 있는 능력이 너무도 탁월하다. 최근 2년 동안의 눈부신 발전은 충격을 더했다.

사실 모든 창작 행위가 생성을 포함하지만, 그 역은 성립하지 않는다. 즉, 생성한다고 해서 창작한다고 이야기하기는 어렵다. 이 점을 염두에 두더라도 지금 인공지능은 뭔가를 생성하는 데 굉장히 뛰어난 능력을 보여주고 있으며, 그래서 창작하고 있다는 주장까지 나오게 되었다. 한마디로, 인간에게 도전장을 내민 것이라 할 수 있다. 아니, 인간이 도전장을 받았다고 느끼는 상황이라고 표현하는 편이 더 나을지도 모른다. 인간의 가장 고유한 영역으로 남아 있다고 자부하는 그 대목에서 자꾸 신경이 거슬리는 상황이다.

이를 잘 보여주는 영화 속 장면이 하나 있다. 〈아이, 로봇^{I, Robot}〉이라는 영화다. 원작은 아이작 아시모프^{Isaac Asimov}가 썼고 1950년에 출판됐지만, 영화는 2004년에 개봉했다. 영화 속 한 장면을 보자. 형사인 주인공이 인공지능 로봇에게 묻는다. "명화를 그릴 수 있느냐? 교향곡을 작곡할 수 있느냐?" 이 장면에서, 인공지능 로봇은 당신은 그런 일을 할 수 있느냐고 되묻는다. 그러자 주인공의 표정이 안 좋아진다. 어지간한 인간으로서는 하기 어려운 일이기 때문이다.

2004년에만 해도, 이 대화는 다음과 같이 읽혔다. 반문하는 장면을 다시 보자. 인공지능 로봇은 그림을 그리고 작곡하는 걸 못 한다.

하지만 너 같은 보통 인간도 그건 못 하는 거 아니냐? 이런 뜻의 발언으로 이해할 수 있었다. 그땐 그랬다. 그런데 20년이 지난 2024년 시점에서, 그 장면을 다시 돌아보면 대화의 의미가 달라진다. 이제 인공지능 로봇이 되묻는 건 이런 내용이다. 야, 그림 그리고 곡을 만드는 일을 우리는 어지간히 한다. 근데 너희 인간들은 할 줄 아냐? 실제로 인공지능이 작업하는 내용의 품질을 보면, 70~80퍼센트의 인간은 하지 못하는 일들을 해낸다. 놀라움을 넘어 충격을 받지 않을 도리가 없다.

물론 가장 뛰어난 능력을 가진 사람보다는 인공지능이 확실히 뒤처진다. 작가, 미술가, 영상물 제작자, 그 밖의 창작에 종사하는 전문가에 비하면 인공지능의 수준이 떨어지는 건 사실이다. 하지만 문제는 어지간한 인간은 그런 일을 잘하지 못한다는 점이다. 인공지능이 그린 그림이 만족스럽지는 않지만, 막상 '나'에게 그려보라고 하면 잘 그려낼 자신이 없다.

바로 이 지점이다. 인공지능이 어지간한 인간보다 글, 그림, 작곡, 코딩, 동영상 등을 더 잘 만든다는 사실에서 비롯된 공포다. 이게 우리를 두렵게 한다. 이런 상황에서 우리는 미래 세대에게 무엇을 교육하고 어떤 능력을 길러줘야 할까?

7. 인공지능은 몸을 가질 수 없다

우리는 인간 지능이나 인공지능에 대해 알아가야 할 것이 아직 너무 많다. 인공지능에게 몸을 허하라고 말하는 이들이 많지만,[8] '인공지능이 몸을 가질 수 있는가?'라는 물음은 어려운 질문이다. 몸은 자명하지 않다. 사실 우리는 몸이 무엇인지, 몸이 무엇을 할 수 있는지 제대로 알지 못한다. 그러니 막연하게 인공지능에게 몸을 주어야 한다고 말해서는 안 된다.

몸은 생물에게 필수적이다. 지능이라 부르든 마음이라 부르든, 신경계를 통해 기능한다고 알려진 이 특성은 생물에게 고유하다. 요컨대, 진화 과정에서 몸을 가진 생물이 획득하고 발현한 특징이다. 마음은 몸을 통해서만 확인 가능하다고 알려져 있지만, 프랑스 철학자 앙리 베르그송Henri Bergson이 주장하듯, 마음은 몸을 거쳐 발현되지만 몸이 없다고 마음도 없으란 법은 없다. 태초부터 마음이 있었는지는 입증할 방법이 없다.

한편, 인공지능에게는 몸이 없다. 인공지능은 컴퓨터 하드웨어에서 작동하는 논리적 구성물이다. 굳이 말하자면 인공지능은 순수한 수학적 존재로, 컴퓨터 하드웨어가 있어야 존재를 드러내지만, 앨런

---

8 가령 이진경·장병탁·김재아, 『이진경 장병탁 선을 넘는 인공지능』, 김영사, 2023.

튜링Alan Turing 이 1950년 논문[9]에서 밝혔듯이 그 컴퓨터가 실리콘 기반 디지털 컴퓨터여야 할 필요는 없다. 인공지능이 몸이 없는 이유는 몸이 있을 필요가 없기 때문이다.

인공지능의 몸으로 흔히 제시되는 것은 모터와 센서가 달린 로봇이다. 그러나 이런 로봇은 생물의 몸과 전혀 다르다. 신경세포나 뇌세포는 몸이다. 그것은 몸을 구성하는 다른 세포와 같은 DNA로 이루어져 있다. 지능 혹은 마음 작용은 신경세포 사이에서 거대한 네트워크인 커넥톰Connectome을 이루며 일어난다. 더욱이 이 작용은 몸을 위해 필요하다. 뇌의 작용이 몸의 운동을 위해 일어난다는 사실은 잘 알려져 있다. 몸의 운동이 필요하지 않은 멍게 성체는 자기 뇌를 먹어치우고 한자리에 머문다. 반면 인공지능에게 '지능'은 몸과 관련해 독립적이고 자율적이다.[10] 즉, 인공지능에게 몸은 필수가 아니며, 인공지능은 몸을 위해 존재하지도 않는다.

학자들은 지능intelligence을 기억력, 학습 능력, 추론 능력, 언어 능력, 적응력, 정서 능력, 문제 해결 능력, 응용력, 창의력 등의 용어로 규정해 왔다. 이 능력들 중에는 학자에 따라 더 강조되는 것도 있고

---

9 앨런 튜링, 「계산 기계와 지능」, 김재인 역, in 김재인, 『AI 빅뱅』, 동아시아, 2023, 332쪽 이하.
10 몇몇 학자는 '인공지능'이라는 용어에서 '지능'이 인간이나 동물의 지능과 같은 성질의 것인지 의문을 제기한다. 이 명칭이 1956년 존 매카시(John McCarthy)에 의해 다트머스 회의에서 처음 사용되었다는 사실은 잘 알려져 있는데, 이 명칭을 쓴 이유가 '지원금'을 받기 위해서였다는 점은 비교적 덜 알려져 있다. 튜링은 '인공지능'이라는 명칭 대신 '생각하는 기계'라는 표현을 썼다.

덜 중시되는 것도 있지만, 지능이 무엇인지 탐구할 때 이런 능력들이 중요하다는 데는 큰 이견이 없다. 하지만 '지능'이 뭐라고 정의되든 지 간에 지금까지 지능에 관한 연구는 주로 '개체individual'에 초점을 맞추어 왔다. 다른 많은 영역에서도 그렇지만, 나는 개체를 중심으로 지능을 이해하려는 접근은 첫 단추를 잘못 끼운 것이라고 본다. 적어 도 인간에 관한 한, 지능은 개체에서 출발해 개체에서 발현되더라도 공동 지능이나 외부 기억 저장소를 매개로 작동한다. 2장에서 구체 적으로 설명하겠지만, 지능의 중심에는 '공동 뇌co-brain'가 있다.

지능 연구가 개체에 집중된 이유는 서양 근대의 개인주의에 뿌 리를 둔 데 있지 않을까 짐작해 본다. 개체의 지능으로 한정해 탐구 했던 전통은 인공지능 연구에서도 목격된다. 인간을 닮은 인공지능 을 만든다는 목표는 인간의 뇌와 그 안에서 일어나는 작용을 모사하 려는 시도에 그쳐서는 달성될 수 없다. 인간 지능은 개인의 뇌에서만 구현되는 것이 아니라 인류 전체 수준에서 인류 공동 뇌가 형성되며 실현되었기 때문이다.

반면, 인공지능은 그것의 발생과 발전을 인간에게 전적으로 의존 하고 있다. 나아가 인공지능에게 개체나 집단이 있다고 말하기도 어 렵다. 한 모델 내에서 인공지능은 학습 내용의 '동기화synchronization' 로 특징지을 수 있기에, 인공지능에게 개체나 집단을 말하는 것은 무 의미하다. 한 모델, 가령 특정 버전의 모델(GPT-4o, Claude-3.5-Sonnet,

Gemini-1.5-Pro 등) 안에서는 인공지능에게 '차이'나 '변종'이 존재하지 않는다. 설사 차이와 변종이 생기더라도 곧 동기화되고 동일화된다 (사실은 버전 변경). 이처럼 인공지능에게 몸을 운위하는 것이 어떤 의미인지는 무척이나 불분명하다.

개체군을 가능케 한 것은 개체의 몸들이다. 몸들은 많이 비슷하면서도 약간씩 다르다. 몸들은 각각 더듬이처럼 세상의 여러 부분을 탐색하고 대응책을 마련한다. 다른 동물들과 달리 인간에게 특징적인 것은 개별적으로 탐색된 지식과 기술이 공동 뇌에 모여 개체들이 활용할 수 있는 자원 저장소로 기능한다는 점이다. 개체들은 변화하는 환경을 감지하고 나름의 대응책을 착상한다. 인간이 환경의 변화에 가장 능동적으로 대응할 수 있었던 비결은 이런 분업과 협업에 있다. 인간은 개체의 몸들을 활용해 공동 뇌를 만든 후, 그것을 모든 개체의 뇌로 되먹임했던 것이다. 이로써 유전자 수준의 우연한 변이에 의존하는 진화의 공식을 따르지 않으면서도 종으로서 성공할 수 있는 비결을 찾았다. 다른 종이었다면 개체가 개별적으로 감당해야 했을 환경의 선택압selection pressure을 공동 뇌를 써서 피하게 되었다.

8. 인문학은 과학일까?

논의를 더 이어가기에 앞서 '학술 연구 활동'으로서의 인문학과 자연과학의 관계를 다시 생각하자고 제안한다. 우선, 여기서 말하는 '인문학'이 무엇을 가리키는지 분명히 할 필요가 있다. 3장에서 자세히 설명하겠지만, 오늘날 지역을 불문하고 '인문학'이라는 명칭은 두 개의 역사적 흐름이 합류한 지점에서 사용되고 있다. 하나는 유사한 학술 연구 활동을 묶은 명칭으로, 다른 연구 활동의 묶음과 구별해 사용되는 맥락이 있다. 사회과학, 자연과학, 형식과학(예컨대 수학), 응용과학(공학, 의학, 교육학 등)과 구별해 '인문학'을 말할 때가 그렇다. 이때 인문학의 연구 주제는 인간이다. 이것이 '연구 인문학'이다. 다른 하나는 교육을 위해 필요한 과목들을 묶은 명칭으로, 대학의 오랜 역사와 궤를 같이한다. 이것은 '교육 인문학'이다. 두 종류의 인문학 구별에 관해서는 3장에서 자세히 다루겠고, 이번 절과 다음 절에서는 인문학이라는 용어를 전자의 의미로, 즉 '연구 인문학'에 국한해 사용하겠다.

인문학자와 과학자, 혹은 인문 독자와 과학 독자 모두가 오해하고 있는 한 가지 사실이 있다. 인문학과 과학이 연구의 대상, 목적, 방법에서 차이가 난다는 생각이다. 19세기 후반 독일 철학자 빌헬름 딜타이Wilhelm Dilthey, 1833~1911는 정신과학Geisteswissenschaft과 자연과학Naturwissenschaft을 구별했는데, 이때부터 이런 생각이 일반화되었다고 여겨진다(『정신과학 입문Einleitung in die Geisteswissenschaften』, 1883년). 18, 19세기 자연과학의 성공에 위협을 느낀 딜타이는 정신과학 혹은 인문사회과학의 과학성/학문성Wissenschaftlichkeit을 정초하려 시도했다. 삶은 그 자체로 이해되어야 하며, 그 원천은 내적 경험이라는 것이다. 딜타이에 따르면, 정신과학은 삶의 철학이며 내적 경험의 이해다. 이런 구분은 오늘날에도 여전히 힘을 발휘하고 있다.

나는 굳이 딜타이식 주장을 거부할 생각은 없다. 하지만 더 중요한 건 '삶'과 '내적 경험'이 일상적으로든 학술적으로든 '소통'될 수 있어야 한다는 점이다. 소통의 미디어(매체)는 언어다.[11] '나'의 내적 경험이 유의미하려면 '타인'에게 잘 전달되고 공유되어야 한다. 또한 타인이 나의 내적 경험에 동감할 수 있어야 한다. 동감은 이해에 바탕을 둔다. 아, 저 사람도 나와 같은 경험을 했구나, 나와 같은 느낌이었구나, 같은 생각을 가졌구나! 이 지점을 '외화된 내적 경험' 혹은 '객관화된 생각'이라고 부를 수 있다. 생각이 언어라는 미디어를 통해 물질적으로 드러나 누구라도 접근할 수 있게 되고, 그것이 꽤 많은 사람에게 동감되는 순간, 생각은 '객관성'과 '실증성'을 얻는다. 철학이든 문학이든, 고전이 오늘날까지 울림을 주는 이유이기도 하다.

---

11 좁은 의미의 자연어 말고도 확장된 언어라는 표현 방식이 있다는 점에 유의해야 한다.

인문학이 일정 수준의 '보편성'을 주장하는 이유도 여기에 있다. 인문학적 객관성 및 실증성은 과학에서 말하는 객관성 및 실증성과 성격이 같기도 하고 다르기도 하다. 이 점을 조금 더 살펴보자.

과학은 '데이터(증거)'에 입각해 '이론'을 구축함으로써 데이터를 포괄적으로 설명한다. 코페르니쿠스와 케플러에 의해 반박되었다고 알려진 프톨레마이오스의 천동설도 데이터를 최대한 존중하며 구성한 이론이었다. 다만, 좀 '많이' 복잡했다. 코페르니쿠스는 '태양을 가운데 놓았더니 설명이 단순해졌다'라는 계산상의 이유 때문에 어쩌다 보니 이른바 '지동설'을 주장했을 따름이지, 행성의 실제 운행에 대한 생각은 '천동설을 믿던' 프톨레마이오스와 별반 다르지 않았다. 만일 시력 좋은 티코 브라헤가 남겨놓은 태양계 행성 운행의 '관측

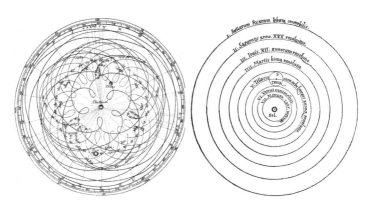

[그림 3] 프톨레마이오스의 태양계(천동설) 그림(좌)과 코페르니쿠스의 태양계(지동설) 그림

데이터'가 없었다면, 케플러 역시 다른 이론을 제시할 이유가 없었다. 케플러는 프톨레마이오스나 코페르니쿠스보다 최신화된 데이터를 얻었기에, 처음부터 다시 계산할 필요가 생겼다. 이를 통해 케플러는 저 유명한 세 개의 법칙을 얻었고, 이를 갈릴레오와 뉴턴에게 넘겨주었다.

과학은 데이터에 바탕을 두고 이론을 세우지만, 데이터가 변경되면 기꺼이 이론을 갱신한다. 이것이 과학적 방법의 특징이다. 자세한 논의는 건너뛰겠지만, 포퍼의 반증 이론이든 쿤의 패러다임 이론이든, 아니면 라카토스든 누구에게나 '데이터에 대한 존중'은 과학의 핵심에 있다. 관찰과 실험은 모두 데이터의 신뢰성을 높이는 과정이다. 이런 점에서, 과학은 '알게 된 지식'이기도 하지만(결과의 측면), 지식을 얻게 되는 '과정'과 '태도'이기도 하다(과정의 측면).

다시 내적 경험으로 가보자. 저기 앞에 200걸음쯤 떨어져 있는 곳에 태양이 있다고 '나는 느낀다'. 내적 경험에 따르면, 나도 너도 또 그 어떤 다른 인간도 이 사실에 동감한다. 그러나 과학적 관점에서 이 '동감'은 지식이 아니다. 이는 인간 감각의 '편견' 혹은 '오류'에 불과하다. 이 점에서 '내적 느낌이나 생각에 대한 동감은 과학적 증거일 수 없다. 따라서 인문학이나 정신과학은 과학이 아니다'라고 과학자는 주장한다. 이에 대해 인문학자는 앞서 딜타이가 그랬듯이 내적 경험이 자연과학의 대상이 아니라고 강변한다. '나의 느낌'은 과학이

범접할 수 없는 영역이다. 그러나 이 강변은 마치 낭떠러지 앞에서 저 앞에 평원이 있다고 주장하는 사람의 공허한 신념과 비슷해 보인다. 인문학은 이런 사고실험에 어떻게 대응할 수 있을까?

그런데, 스피노자가 설득력 있게 설명했듯, 200걸음쯤 떨어진 곳에 태양이 있다는 느낌은 진실이다. 주의하자. '태양이 200걸음쯤 떨어진 곳에 있다'는 것이 진실이 아니라 '태양이 200걸음쯤 떨어진 곳에 있다는 느낌'이 진실이다. 만일 어떤 사람이 '태양이 200걸음쯤 떨어진 곳에 있다'고 느끼지 않는다면, 그는 보통의 사람이 아니다. 거의 대부분의 사람은 '태양이 200걸음쯤 떨어진 곳에 있다'고 느낀다. 이 느낌은 단지 '주관적 착각'에 불과한 게 아니다. 단지 주관적 착각이라면 거의 대부분 그렇게 느낀다는 사실이 설명되기 어렵기 때문이다. 연구하고 해명해야 할 것은 바로 그 '느낌'의 존재(데이터)며, 그 느낌이 '어떻게' 생겨나는지 그 느낌이 주는 가상에 사로잡히지 않고 어떻게 '벗어나야' 하는지다.

내적 경험이나 생각에 대한 탐구는 이렇게 자연과학과 조금 다른 방향에서 출발점을 찾는다. 인문학의 과학적 탐구는 다음과 같이 정초된다. "객관적으로 표현할 수 있는 우리의 '생각'과 '느낌'이 있다, 따라서 인문학은 과학이다." 자연과학은 느낌과 생각을 탐구하는 데 한계가 있다. 느낌과 생각은 오직 주관적 보고에 의해서만 외화될 수 있기 때문이다. 언어(자연어)를 통한 표현이나 감각을 동원한 표현(예술)은 이 점에서 수학의 언어를 사용하는 자연과학과 다른, 서로 우열을 따질 수 없고 따질 필요도 없는 동등한 활동이다.

9. 과학은 인문학일까?

질문의 방향을 거꾸로 돌려보겠다. 과학은 인문학일까? 무슨 터무니없는 말이냐는 탄식이 벌써부터 들린다. 16, 17세기의 급진적 과학혁명 이후, 갈릴레오가 잘 말했듯("철학la filosofia은 우주라는 광대한 책에 쓰여 있다. … 그것은 수학의 언어로 쓰여 있고, 그 글자들은 삼각형들, 원들, 다른 기하학적 도형들이다." 『분석자』, 1623), '수학의 언어로 쓰인 자연이라는 책'(과학)은 '자연어로 쓴 책'(인문학)과 나뉘어 갈라지기 시작했고, 19세기를 지나며 완전히 결별한 것처럼 보이기 때문이다. 그 상징이 오늘날 일본과 한국에만 잔존하는 '이과'와 '문과'의 구분이 아닐까.

역사를 돌아보면, 이 대결은 뉴턴과 괴테 간의 갈등에서 정점에 이른다. 뉴턴은 『광학Opticks: or, A Treatise of the Reflexions, Refractions, Inflexions and Colours of Light』(1704)에서 "빛은 다른 굴절성의 광선들의 집합"이라고 정리했다. 뉴턴은 프리즘 실험을 통해 이를 입증했다. 뉴턴의 실험을 단순하게 설명하면, 백색광을 프리즘에 통과시키면 여러 빛깔로 나뉘고, 여러 빛깔을 다시 거꾸로 세운 프리즘에 통과시키면 백색

광이 된다. 한편, 괴테는 자신의 책 『색채론^{Zur Farbenlehre}』(1810)에서 당시 지배적인 이론이었던 뉴턴에 반박한다. 괴테는 인간이 지각한 색에 관심을 두고 색 이론을 전개했다.

뉴턴과 괴테의 차이에 관해 많은 해석이 있었다. 그중 가장 유명한 것은 양자역학의 창시자 중 한 사람인 하이젠베르크^{Werner Karl Heisenberg}의 해석이었다. 그는 1941년 「현대물리학의 관점에서 본 괴테와 뉴턴의 색채론」이라는 논문을 발표한다. 논문의 내용을 요약하면 다음과 같다.

근대 자연과학의 커다란 오류 중 하나는 현실을 객관 세계와 주관 세계로 완전히 나눠버린 데 있다. 그렇게 함으로써 주관이 개입되지 않은 객관의 세계를 수학적인 방법에 따라 통일적으로 설명하려는 자연과학의 이상을 달성할 수 있다고 믿었다. 그리고 인공적인 관찰 수단을 통해 감각의 기능을 고도화함으로써 객관 세계의 궁극까지 밀쳐 들어갈 수 있으리라 생각했다. 하지만 이러한 생각은 현대물리학의 관점에서 볼 때 기만적인 희망에 불과했다. 왜냐하면 원자물리학에서 관찰이 관찰 대상에 미치는 변형은 피할 수 없는 것으로 밝혀졌기 때문이다. 요컨대, 물질의 최소 단위인 원자들은 모든 감각적인 특성을 상실해 버렸고, 오랫동안 가장 확실한 것으로 여겨졌던 공간 채움^{Raumerfüllung}, 특정한 장소, 특정한 운동이라는 기하학적 특성마저 상실하게 된 것이다. 그리하여 고도로 정밀한 관찰 기구들을 통해 들여다본 상은 생동하는 자연과는 거리가 먼 것이 되었고, 자연과학은 실험을 통해 드러나는 이 세계의 어두운 배후만을 다루게 되었다. 자연과학 지식의 엄청난 확장과 풍부한 기술적 가능성에 따라 세계는 완전히 변형되었기 때문에 인간의 사고와 삶은 생존이 더 이상 불가능한 공간으로 들어가 버렸다. 그러므로 물리학자가 자신의 기구를 가지고 관찰하는 대상은 더 이상 자연이 아니라고 한 괴테의 말은 옳았다.[12]

나는 관찰과 측정이 대상을 변형시킨다는 하이젠베르크의 진술에는 동의하지만, 그 역시 '빛과 색의 차이'라는 핵심을 놓쳤다고 생각한다. 빛은 물리적 속성이고 색은 인지적 속성이다. 물리적 속성이라 한 것은 빛이 여러 파장의 집합이라는 뜻이며, 인지적 속성이라 한 것은 '뇌가 그 색을 구성했다'는 뜻이다. 색은 뇌의 구성물이다. 이 점이 중요하다. 색은 객관적 속성이 아니라 주관적 현상이다.

색이 객관적 속성이 아니라 뇌의 구성물이라는 점을 두 개의 사례를 통해 확인하자. 먼저 1995년에 MIT의 시과학Vision Science 교수 에드워드 아델슨Edward H. Adelson이 고안한 이른바 '체커 그림자 착

12   장희창, 「괴테 『색채론』의 구조와 그 현대적 의미」, 1999, 183쪽. 1999년 9월 18일 한국 괴테학회에서 발표한 논문.

[그림 4] 에드워드 아델슨 교수가 고안한 체커 그림자 착시.

시Checker shadow illusion'를 보자. 그림에서 A 영역과 B 영역은 같은 색이지만, 우리 눈에는 '명백히' 다른 색으로 보인다. 한편 리츠메이칸 대학立命館大学의 심리학과 교수 기타오카 아키요시北岡明佳, Kitaoka Akiyoshi가 보여준 딸기 그림에는 빨간 픽셀이 전혀 없지만(그림을 확대해서 RGB 비율을 확인하면 금세 알 수 있음), 우리 눈에는 '명백히' 빨간색 딸기가 보인다(인터넷 검색으로 찾아볼 수 있음). 빛은 객관적 파장의 영역이고 색은 주관적 구성과 해석의 영역이다.

인간은 대부분 같은 진화 경로를 밟았고 거의 같은 유전자를 갖고 있어서 인간에게서 구성되는 색은 대체로 같다. 착시가 일어나더라도 같은 착시가 일어난다. 이는 진화 경로를 공유하는 몇몇 다른 동물에게서도 확인된다. 감각기관에 이상이 있거나 뇌 기능에 문제가 생긴 경우가 아니라면, 내가 본 색, 내가 느낀 색은 다른 사람이 보고 느낀 색과 대체로 같다. 회화를 감상하며 비슷하게 감동할 수 있는 이유이기도 하다.

그런데 내가 보고 느낀 것과 남이 보고 느낀 것이 '같다'는 걸 어떻게 알 수 있을까? 이를 객관적으로 확인할 길은 없어 보인다. 가장 발달한 뇌 측정 장비인 fMRI로도 '느낌 표상representation'을 측정하지는 못한다.[13] 결국 남는 건 자기의 느낌에 대한 보고다. 그걸 말로 할 수도 있지만, 특히 예술은 이런 보고에 능하다. 괴테가 색채론을 쓰겠다고 결심한 것이 이탈리아 여행 중에 본 회화 작품들 때문이었다는 건 잘 알려져 있는 사실이다. 괴테 자신이 빛과 색의 차이를 얼마나 인식하고 있었는지와는 별개로 말이다.

에드워드 윌슨은 생물학이 다른 자연과학, 인문학, 사회과학을 흡수해야 한다는 제국주의적 '통섭'을 주장해 물의를 빚었다. 윌슨의 『창의성의 기원The Origins of Creativity』(원서 2017년 출간)을 보면 그의 인문학 이해 수준이 얼마나 천한지 명백히 드러난다. 윌슨 같은 얼치기 과학자는 '차이'에 무지하다(본업이 아닌 영역에 대한 과감한 언급을 '얼치기'라고 표현했음). 빛과 색의 차이도, 자연과학과 인문학의 차이도, '측정을 통한 객관성'과 '주관성의 객관성'의 차이도 말이다.

20세기 이래로 과학과 인문학의 간격은 점점 더 멀어지고 있다.

13　Scott D. Slotnick, 『기억 인지신경과학』, 남기춘 역, 박영스토리, 2021, 2장 참조(원서 출간 2017년).

나는 앞에서 과학이 인문학인지 물었다. 나는 과학도 소통을 위한 언어를 사용한다는 점에 주목한다. 과학은 수학의 언어를 통해 소통한다. 수학의 '언어'가 단지 비유에 불과한 걸까? 수학도 인간과 인간을 연결하는 언어일진대, '언어 사랑'으로 특징지어질 수 있는 인문학에 포섭되지 못하라는 법은 없다. 저 제국주의자 윌슨의 방식 말고, 서양의 유서 깊은 전통을 재해석해 그리스의 '엔키클로 파이데이아encyclo paedeia, 로마의 '후마니타스humanitas' 혹은 '스투디아 후마니타티스studia humanitatis', 중세에 활용된 '아르테스 리베랄레스artes liberales'를 잇는 인문학으로, 내가 주장하는 뉴리버럴아츠A New Liberal Arts 인문학, '확장된 언어력'을 핵심에 두는 변신한 인문학에 말이다.[14]

10. 자연어와 수학을 모두 잘 구사한다는 말의 의미는?

확장된 인문학과 두 문화의 문제

나는 '확장된 언어력'을 교육해야 한다고 주장한다. 확장된 언어력 교육은 '확장된 인문학'의 몫이며, 이번 절의 논의는 '교육 인문학'의 영역에 속한다. 이에 관해서는 3장에서 더 자세히 설명할 것이다.

14 「뉴리버럴아츠 인문학의 정립」 참조.

일본과 한국의 '문과'와 '이과' 구분 문제는 물론이고, 서양에서도 '자연계'와 '인문계', 혹은 '이공계'와 '인문사회계'의 분리와 간극에 관한 문제 제기는 역사가 오래되었다. 영국의 과학자이자 소설가인 찰스 퍼시 스노Charles Percy Snow의 지적이 대표적이다. 스노는 1959년 '두 문화와 과학혁명'이라는 제목의 케임브리지대학교 리드 강연에서 이렇게 말한다.

영문학의 대작을 읽은 적이 없다는 과학자들을 다룬 뉴스를 듣고 그들은 동정 어린 쓴웃음을 던진다. 그들은 과학자를 무지한 전문가라면서 무시한다. 하지만 그들 자신의 무지와 특수성도 사람을 놀라게 한다. 나는 전통적 문화의 기준에서 볼 때 높은 수준의 교육을 받았다는 사람들의 모임에 자주 참석한 적이 있는데 그들은 과학자들의 무지에 대한 불신을 표명하는 일에 상당한 취미를 가진 사람들이었다. 참을 수 없었던 나는 그들에게 열역학제2법칙을 설명할 수 있느냐고 물었다. 반응은 냉담했고 또 부정적이었다. 나는 "셰익스피어의 작품을 읽은 일이 있습니까?"라는 질문과 맞먹는 과학 관련 질문을 던진 셈이었다. 그보다 더 간단한 질문, 예컨대 "질량 혹은 가속도란 무엇인가?"(이 질문은 "당신은 글을 읽을 줄 아는가?"라는 질문과 동등한 과학상의 질문이다)라고 물었다면, 그 교양 있는 사람들 10명 중 한 명 이하만이 내가 그들과 같은 언어를 사용하는 것으로 느꼈으리라고 믿는다. 이처럼 현대물리학의

위대한 체계는 진보한다는데, 서구의 가장 현명하다는 사람 중 대부분
은 물리학에 관해서는 신석기시대의 선조와 비슷한 통찰력밖에는 없
는 실정이다.[15]

한국어 번역본에서 흥미로운 지점은 원문의 'not more than one
in ten'을 '10명 중 하나는'이라고 완전히 잘못 옮겼다는 점이다. 이
구절은 '10명 중 한 명보다 많지 않은', 즉 '10명 중 한 명 이하'를 뜻
한다. '미만', '이하', '초과', '이상'과 같은 '수량'에 대한 번역자(철학 전
공)의 소양 부족이 잘 드러나는 대목이다. 나아가 오늘날 종이책으로
출판된 글에서조차 '전', '이전', '후', '이후'를 빈번하게 혼동하는 일
은, 우리 사회의 '수량'에 대한 몰이해를 단적으로 입증한다. 등호와
부등호를 포함한 수량에 대한 기초 소양은 중학교 1학년 과학 시간
에 배우는 것으로 기억한다. 우리 사회가 어쩌다 이렇게 되었는가?

그러면 셰익스피어를 모르는 과학자와 열역학제2법칙을 모르는
문학적 지식인 중 누가 더 문제일까? 자연어로 된 글 대부분을 문학
적 지식인이 써낸다는 점에서 나는 후자의 책임이 더 막중하다고 평
하고 싶다. 스노의 오래전 지적도 이 지점을 겨냥하고 있다. 하지만
스노가 더 중요하게 주장한 것은 두 문화의 소통이다.

---

15 C. P. 스노우, 『두 문화』, 오영환 역, 민음사, 2001, 27~28쪽. 원서를 참고해 번역 수정.

소통할 수 없는, 또는 소통하지 않는 두 문화의 존재는 위험하다. … 분열된 문화를 갖는 과학자들은 자기들에게만 통용되는 가능성에 대한 지식을 제공한다. 오늘날 우리는 절반에 그치는 교육^{half-educated}에 만족하면서, 마치 몇 단어밖에 모르는 주제에 외국어를 들으려 하는 것과 마찬가지로 누가 보아도 분명히 중대하다고 생각되는 정보를 들으려고 버둥거리고 있다.[16]

하지만 '어떻게 해야' 그렇게 소통할 수 있는가에 관해서 스노는 '교육 개혁' 정도의 답변에 그치고 있다. 방안을 찾기에 앞서 두 진영의 분리를 다른 관점에서 이해할 수 있다는 점도 짚고 가보자. 이 또다른 관점은 두 진영의 만남과 화해의 '어려움'을 잘 드러낸다.

'맥락화'와 '탈맥락화'를 추구하는 두 언어

UNIST(울산과학기술원) 김효민 교수는 2023년 10월 20일 UNIST에서 개최된 '인공지능 시대의 예술, 인문, 공학 교육 방향에 대한 학제 간 논의' 세미나에서 '확장된 언어력 교육'과 관련해 다음과 같이 문제를 제기했다. 다음에 서술된 문제 제기는 그 발언을 정리하고 재구성한 것이다.

---

16 같은 책, 117쪽. 번역 수정.

'확장된 언어력'을 통해 많이 알아듣고, 그럼으로써 생각하고 또 새로운 걸 만들어 낸다는 것은 멋진 아이디어로 보인다. 그런데 이 지점에서 한 가지 짚고 넘어갈 문제가 있다. 수학으로부터 내러티브를 찾을 수도 있고 반대로 내러티브로부터 수학을 찾을 수도 있고, 또 음악으로부터 수학을 찾을 수도 있고 반대로 수학으로부터 음악과 같은 조화를 찾을 수도 있다. 여기까지는 서로 상관이 있다. 모든 사람이 다 그렇게 할 수 있는 건 아니지만, 그런 작업이 이루어지는 상황이 상상은 된다.

조금 더 어려운 소통은 다음과 같은 영역에서 일어날 것 같다. 말을 알아듣는다고 할 때는 두 가지 의미가 있다. 우선 맥락 의존적인 언어가 있다. 저 사람이 지금 저 말을 왜 하는지를 읽어야 의미가 다가오는 언어다. 일상에서 사용하는 자연어가 여기에 속한다. 다른 한편, 모든 맥락을 인위적으로 제거하고 아주 추상적으로 만들어 얼마간 거리를 두고서 다른 공간과 시간에서 읽어도 같은 의미를 갖도록 만들어진 언어도 있다. 수학과 과학이 그것이다.

사실, 인간의 역사에서 후자가 먼저 나왔다. 우리가 상식적으로 생각하는 것과는 달리 아주 추상적인 언어가 먼저 나왔다. 누구든지 보고 만들 줄 알아야 하는, 어떻게 보면 추상적이고 수학적인 상징이 먼저 발명되었고, 의미를 해석해야 하는 내러티브가 나중에 나왔다.

지금 우리는 두 언어가 각각 많이 발전된 상황에 와 있다. 각 영역에서 전문화와 분화, 분업이 엄청나게 진행된 상태다. 이유 없이 그런 일이 일어난 게 아니고 나름 필요해서 전문화가 이루어졌다. 그렇게 해서 많은 성과를 거둔 것도 사실이다. 특히 과학기술의 발전은 전문화의 결과라 해도 과언이 아니다.

그런데 확장된 언어력을 갖춘 두 진영의 전문가가 서로 협력하려면 만나서 상대방이 하는 말의 맥락도 알고 추상적인 상징(수학, 과학 등)도 이해하며 새로운 걸 만드는 작업을 해야 할 텐데, 이 능력을 갖추는 일은 새로운 차원의 문제인 것 같다. '맥락'과 '탈맥락'을 둘 다 잡아야 하기 때문이다. 자연어 능력은 맥락과 밀접하게 관련 있고, 수학 능력과 과학 능력은 추상 혹은 탈맥락을 다룰 줄 알아야 한다. 이것이 어떻게 가능할지 의문이 든다.

요컨대, 구체와 추상, 맥락과 탈맥락이 두 문화의 특징이다. 그렇다면 한 개인이 양쪽의 특징을 어느 정도까지 익힐 수 있느냐 하는 문제가 제기된다. 둘은 상반되는 훈련을 요구하기 때문이다.

충분히 섞은 뒤에 나눠도 늦지 않다

언어의 성격이 다르다는 문제 제기는 충분히 동감할 수 있다. 인간관계와 사회의 숨은 맥락을 최대한 고려해야 이해할 수 있는 자연어와, 맥락을 최대한 제거함으로써 우주적 보편성을 확립하려는 수학이라는 언어가 서로 성격이 다르다고 보면 될 것 같다. 그래서 전자는 '맥락' 언어, 후자는 '탈맥락' 언어라고 표현할 수도 있으리라.

스노가 벌써 오래전에 지적했고 나름의 해법을 제안했지만, 두 문화의 간격이 좁혀지지 않는 이유는 바로 두 문화의 언어가 가진 이러한 특징에서 찾을 수 있다. 그렇다면 확장된 언어력 교육은 애초에 불가능한 시도가 아닐까? 나름의 이유가 있어 전문화되고 분화되었고, 그럴 필요성이 사라진 것도 아닌데, 이제 와서 둘을 이웃하게 한다고?

두 문화 혹은 두 언어의 문제와 확장된 인문학은 두 가지 면에서 화해하고 양립할 수 있다. 우선 현재 우리가 중고등학교까지 포함해 교육 전반에서 중시하는 여러 교과목이 대체로 확장된 언어력 교육을 위한 교과목, 즉 확장된 인문학 교육에 필수적인 과목들이다. 따라서 확장된 인문학은 완전히 새로운 접근이 아니라 기존 과목들을 조정해 어떻게 운용하느냐의 문제다.

그러니까 나의 강조점은 기왕에 짜놓은 과목들을 오늘날의 요구에 맞게 조정하고 종합하는 문제에 더 가깝다. 확장된 인문학의 교과목 목록에 넣을 것과 빼도 좋을 것을 정하고, 어느 나이가 될 때까지는 그걸 모두가 익히자는 것이다. 지금처럼 인문계에는 수학을, 자연계에는 자연어를 빼는, 이른바 빼기식 교육이 더 지속되면 곤란하다는 주장이다. 어느 나이까지 어떤 과목을 넣을지는 여론보다 전문가 연구에 맡겨야 할 터다(뇌 발달 단계를 고려해야 할 것이다). 다만 익힌 것은 몸에 배어 언제든 되살릴 수 있어야 한다는 점과 사회생활에 꼭 필요한 핵심 역량(실제 할 수 있게 되는 것)은 어느 범위까지인지 정해야 한다는 어려운 문제를 풀면서 가야 한다.

그렇더라도 개인차가 분명히 있다. 성향의 차이와 잠재 능력의 차이도 고려해야 한다. 이들을 반영한 스펙트럼을 생각해 볼 수 있겠고, 스펙트럼을 이루는 여러 경향성으로 추출할 수 있을 것이다. 가령, 수평으로 양끝에 자연어와 수학을 놓고 모든 학생이 대체로 그 사이에 분포하는 모양을 그려볼 수 있다. 또 교육을 잘 이수하는 학생과 그러지 못한 학생을 수직으로 배열해 볼 수도 있다. 교육과정은 이를 참조해 설계해야 할 것이고 개인차를 고려한 교과 내용을 제공할 수 있다. 같은 역량을 훈련하는 데 꼭 같은 내용(콘텐츠)을 수단으로 삼으라는 법은 없다. 결과를 봤을 때 학생들이 갖추게 될 역량의 수준은 분명히 다를 수 있다. 그러나 자연어에서 수학까지 전체를 아우르는 교육과정을 제고하려고 노력해야 한다.

다른 한편 과학기술의 성공을 돌아봐야 할 때가 되었다는 점도 중요하다. 근대 과학기술의 성공 이유는 탈맥락화에 있었다. 그런데 지금 시점에서 탈맥락화가 여전히 유효한지 물어봐야 한다. 현대 문명의 많은 폐해, 특히 기후 위기, 생태계 교란, 생물의 멸종, 에너지와 자원 문제, 극단적 불평등 등은 과학기술이 유발했다고 해도 과장이 아니다. 앞만 보고 돌진한 나머지 주변을 돌아보지 못한 탓이다. 말하자면, 맥락을 회복하는 것이 필요한 시점이다.

이런 이유로 과학기술에 맥락을 다시 소환하는 것은 시대적 과제다. 과학기술의 사회적 위상이 바뀌었다. 기능을 구현하고 실용성에 이바지하는 것이 목표라면, 그런 차원의 목표는 거의 달성된 것 같다. 과학기술이 더 발전할 수 있겠지만, 현재 수준으로도 필요한 대부분의 일을 해낼 수 있다. 필요한 것은 과학기술이 아니라 정책일지도 모른다. 빈곤과 질병은 생산의 문제가 아니라 분배의 문제라는 점이 분명하다. 과학기술이 사회문제를 외면할 것이 아니라 오히려 문제 해결에 적극 개입해야 한다. 우리가 과학기술에 기대하는 바가 확장되었다고 봐도 좋겠다. 과학기술이 다른 효능감을 주어야 할 때다. 과학기술이 사회문제를 지금 시점에서 적극 해결할 수 있어야 한다.

예를 하나 들어보자. 앞으로 공학은 '사회적 코딩'까지 감당해야 한다. 보통 코딩이라고 하면 컴퓨터 프로그램 형태로 회로 내에서 돌아가는 것에 그쳤다. 하지만 이제는 제품이나 서비스가 출시되어 사회에 놓였을 때 사회 전체가 어떻게 작동하게 될지도 고려해야 한다. 코딩의 의미를 사회 전체가 어떻게 기능하도록 만드는지까지 고려하는 코딩으로 확장해야 한다는 것이 지금의 사회적 과제다(뒤에 이와 관련해 전에 썼던 글의 일부를 붙인다).

이 점에서 엔지니어들도 맥락을 읽는 최소한의 핵심 역량을 익혀야 한다. 지금까지 몰라도 된다고 생각했던 자연어 구사, 관계와 소통, 감정과 맥락도 이제는 중요하다. 근대 과학기술의 문제를 개선하려면 그동안 과학기술인에게 '빼도 좋았던' 능력들을 인생 초반에 채워줘야만 한다.

인문계 쪽 인력도 수량을 통한 객관화가 가능해야 한다. 문화의 기초에는 물질이 있고, 물질의 원리를 알아야만 사상누각을 면할 수 있다. 질적 사고는 양적 토대 위에서 작동해야 한다. 서양철학을 창시했다고 평가받는 탈레스가 별을 관측한 데는 다 이유가 있다.[17]

모두에게 해당한다는 점에서 '공통'인, 그리고 어떤 삶을 살더라도 꼭 필요하다는 점에서 '핵심 역량'인, '공통 핵심 역량'을 갖춘 후에 전문 훈련을 받아도 늦지 않다. 전문화와 분화, 분업은 그때 더 힘을 발휘할 것이다. 다만 지금까지 그랬던 것처럼 앞으로 두 언어의 분리를 그냥 내버려 두기만 한다면, 근대가 낳은 폐해가 얼마나 더 파괴적인 결과로 돌아올지 짐작할 수 있다. 인류는 보이지 않는 속도로, 너무나 빠르게 멸종의 길을 갈 것이다.

보충: 사회적 알고리즘 혹은 사회적 코딩[18]

인공지능은 다른 기술과 달리 사람의 '머리'를 대신하는 경우가

---

17 탈레스의 일화에 대해서는 김재인, 『생각의 싸움』, 동아시아, 2019의 1절 참조.
18 『AI 빅뱅』, 328~331쪽.

많다. 단순 반복적이더라도 사람의 인지 작용이 필요했던 단순 수납에서부터 판단 자동화, 시스템 최적화, 대상 분류, 패턴 찾아내기, 예측과 추천까지 지금까지는 반드시 사람이 결정해야 했던 많은 일이 인공지능에 떠넘겨지고 있다. 사람과 사회에 대한 고민은 지금까지 공학자의 몫이 아니었지만, 시절이 바뀌어 '사람살이'도 공학의 영역으로 끌어안을 때가 왔다.

인공지능이 공산품의 불량을 판별하는 데 쓰인다면, 사회적으로 특별히 우려할 일은 없을 것 같다. 이 경우 기술은 윤리적·사회적 측면에서 가치 중립적이며, 경제적 생산성을 높이는 결과를 가져올 것이다. 하지만 통행료를 징수하는 데 인공지능을 사용하는 문제는 어떨까? 카메라와 시각 인식 인공지능으로 처리한 후, 자동차에 정기적으로 부과되는 세금이나 보험료와 연동해 통행료를 분기별로 내게 하면, 하이패스 같은 물리적 장비를 추가로 설치하지 않아도 되니 편리함과 비용 감소라는 두 마리 토끼를 모두 잡을 수 있지 않을까? 더욱이 차량을 감속하면서 생기는 대기오염 문제도 줄일 수 있어 환경에도 이롭다.

공학적 관점에서는 별문제가 없어 보인다. 하지만 사회적으로는 다른 함의가 있다. 공학자가 인공지능 시스템을 설계할 때 보통 고려하지 않는 면이 사회적 영향이다. 인공지능 통행료 징수 시스템의 경우, 시스템 외적으로 하이패스 같은 물리적 요소와 수납원 같은 인적 요소를 모두 고려해야 한다. 물리적 요소의 경우에는 더 발전한 기술에 자리를 당연히 내주어야 하겠지만, 인적 요소가 문제라면 사람을 해고하는 것이 능사는 아니다.

이런 종류의 물음에 정답을 당장 요구하는 건 아니고, 사회적 논의를 거치면서 해결책을 찾는 과정이 필요하다는 점을 밝혀두고자 한다. 공학자가 인공지능을 설계할 때 기술을 '사람과 사회'라는 관점에서 고려하는 과정을 포함해야 하며, 이 과정이 왜 필요한지 이해해야 한다. 사람과 사회에 미칠 영향은 개발이 끝난 후 실용 단계에서 고려할 사안이 아니라 개발 시작 단계부터 필수적으로 고려해야 한다.

왜 개발자가 이런 것까지 미리 고민해야 할까? 잘 작동하는 물건을 뚝딱 만들면 그만 아닐까? 게다가 남들보다 빨리 만들어서 팔려면 시간 비용을 줄여야 하지 않을까? 하지만 유럽연합의 사례에서도 보았듯, 앞으로는 사회적 영향에 대한 고려가 글로벌 규범이 될 것이고, 따라서 그 결과를 미리 대비해야 한다.

여기서 '규범'은 윤리적 권고가 아니라 따라야만 하는 법규를 뜻한다. 산업 수준에서 윤리는 규제와 연동되어 있다. 그러니 개발자는 매사에 사회적 영향을 고려하도록 훈련해야 한다. 그것이 21세기 세계 시민의 덕목이며, 선진국으로서 세계를 이끌어 간다는 의미다.

코딩 혹은 프로그래밍의 외연도 넓혀야 한다. 지금까지 개발자는 제한된 범위의 문제를 해결하는 알고리즘을 만들어 왔다. 다시 말해, 개별 제품 내적 알고리즘인 '기술적 알고리즘technical algorithm'이 중요했다. 이제 사회적 영향까지 고려하게 되면, 코딩 개념은 알고리즘이 사회 속에서 어떻게 작동할 것인지도 포함하도록 확장되어야 한다. 이를 '사회적 알고리즘social algorithm' 혹은 '사회적 코딩social coding'이라고 부를 수 있다.

기술적 알고리즘은 사회적 알고리즘의 부분집합이다. 개발자는 사회가 잘 작동할 수 있도록 코딩해야 한다. 이는 새로운 글로벌 규범이다. 윤리심의위원회IRB, Institutional Review Board가 '의학'이나 '생명공학' 분야에서 가동되고 있듯이, 인공지능 산업에서 유사한 장치를 마련하고, 미리 사회적 영향을 평가해야 한다. 나아가 인공지능의 수명주기life cycle의 주요 단계마다 재평가가 이어져야 한다. 사회적 영향이 큰 사안에 대해 '환경 영향 평가'나 '교통 영향 평가' 같은 것들이 시행되고 있다는 현실도 참고해야 한다.

한국은 글로벌 기준과 필수 고려 항목을 선도함으로써 정책적 우월성을 확보해야 한다. 새롭게 마련되어야 할 'AI 윤리 기준'은 이를 위한 토대가 되어야 한다. 인공지능 윤리 문제를 다루는 전문가는 산업과 경제의 측면에서도 이 문제를 고려하는 넓은 시각을 갖춰야 한다. 인공지능 윤리는 장식품이 아니다. 특히 인공지능 챗봇 서비스 '이루다'의 서비스 중지를 아쉬워했던 전문가는 세계와 미래를 보는 안목의 부족을 반성해야 할 것이다. 자율 주행 자동차가 사고를 냈지만, 조금 더 가동되면 문제가 수정되고 좋은 서비스를 제공할 것이라고 말하는 것과 무엇이 다르겠는가?

●

2장

공동 뇌 프로젝트

1. 인간다움을 어디서 찾을 것인가?

늘 변하는 인간

인간은 크게 몸과 마음이라는 두 차원으로 존재한다. 흥미로운 점은, 지금 몸의 측면과 마음의 측면에서 각각 인간이 변하고 있다는 사실이다. 생명공학은 인간 유전자를 편집할 수 있는 단계까지 왔고, 인공지능은 지능 활동의 상당 부분을 대신하는 상황에 이르렀다. 신체와 정신이 함께 변모하는 상황을 경험하는 지금, 인간의 특성을 어디서 찾아야 할지 난감하다. 인간다움을 어떻게 이해하는 것이 좋을까? 몸과 마음이 변하고 있는데, 인간다움을 도대체 어디서 찾을 것인가? 이것이 고민의 한 지점이다.

사실 인간에게만 있는 불변의 본성이나 인간다움을 말하는 건 언제나 어려운 일이었다. 인간의 본성 혹은 본질을 회복하자는 주장도 참 어려운 문제다. 유전자 측면만 보면 35만 년 전의 인간과 현대인은 전혀 차이가 없다. 똑같은 호모사피엔스이자 동일한 인간이다. 최근에 유전자 편집을 통해 뭔가 몸이 바뀔 수도 있는 상황을 경험하기 직전이지만, 구석기인과 현대인은 유전자 차원에서 바뀐 것이 하나도 없다. 그러니까 유전자로부터 불변의 인간다움을 찾기는 꽤나 어렵다. 유전자를 통해서는 구석기인과 현대인의 엄청난 '차이'를 설명할 도리가 없기 때문이다.

그러면 구석기인과 현대인 사이에 무엇이 바뀌었을까? 사실은 인간을 둘러싸고 있는 문명과 문화가 바뀌었다고 말할 수 있다. 말하자면 구석기시대의 인간 문명과 현대인의 문명은 많이 다르다. 그 사이에 문명이 엄청 발전했다고도 말할 수 있다. 물론 그 발전의 궁극적 의미가 긍정적인지는 의문도 제기된다. 2024년 5월 15일, 여름이 코앞인데 설악산에 눈이 오기도 하고, 같은 해 9월 17일, 추석에 열대야와 폭염주의보를 겪기도 하는 초유의 상황이다. 이런 문제를 유발한 주범이 인간 문명이니, 어디까지를 발전으로 봐야 하느냐 의문이 드는 것은 당연하다. 하지만 적어도 그 변화는 인간이 만든 것이고, 또 많은 역경을 딛고 만들었다는 점은 분명하다.

4대 성인으로 불리는 부처, 소크라테스, 공자, 예수 같은 사람을 소환하면서, 이들이 말한 인간다움을 회복하자는 이야기도 많이 들린다. 그런데 이것이 생각보다 만만치가 않다. 인간 본성으로 지목되고 강조된 특징들은 시대와 장소에 따라 달라졌다. 그런 점에서 과거에 제시되었던 어떤 사상에서 인간 본성이나 인간다움을 찾으려는 시도는 부질없어 보인다. 따라서 이렇게 이야기할 수 있다. 시대마다, 관점마다, 지역마다 인간이 무엇이냐, 인간다움이 무엇이냐에 대한 답이 다르게 나올 수밖에 없다. 붓다도, 소크라테스도, 공자나 맹자도, 예수도 답을 줄 수 없으며, 그 어떤 현대사상가도 이 점에서 더 나아 보이지 않는다.

문명은 우리가 그 안에서 태어나는 것이기도 하지만 우리가 바꿔가는 것이기도 하다. 따라서 문명을 어떻게 바꿀까, 특히 우리를 좌우하고 있는 첨단 기술을 어떤 방향으로 끌고 가야 할까를 더 많이 고민해야 한다. 인간 본성이나 인간다움은 과거에서 찾을 게 아니라 오히려 미래에서 찾아야 한다. 미래에서 찾는다는 말의 의미는 이런 것이다. 우리가 앞으로 어떤 가치를 추구할 것인가, 어떤 삶을 바람직한 삶으로 여길 것인가, 우리가 만들고자 하는 세계는 무엇인가, 우리뿐 아니라 우리 후손이 살아갈 좋은 세상은 무엇인가, 이런 질문을 제기하고 그에 답하면서 인간다움의 의미를 찾아야 한다. 이처럼 인간다움은 미래의 가치 지향에서 찾아야 한다. 즉, 어떤 삶이 바람직한가에 대한 논의로부터 인간다움을 도출하자는 것이다.

사실 인간을 규정하는 것은 유전자보다도 사회와 문화다. 말하자면, 생물학적 기억보다 공동체적 기억이 인간 역사의 변화를 만들었다. 물론 사회와 문화, 즉 공동체적 기억을 만든 바탕에는 그런 것을 가능케 하는 유전적 특성이 큰 역할을 했다. 하지만 구석기인과 현대인의 차이를 낳은 것은 분명 사회와 문화다.

논의를 이어가기에 앞서, 미래를 결정하는 주체는 미래 세대라는 점도 잊지 말아야 한다. 미래 세대는 더 오래 산다. 아이들이 더 오래 살아남는다. 결과적으로 때가 되면 자기들이 다 결정한다. 그것을 역사적으로 파악한 논문도 나왔다.[1] "요즘 젊은 것들은 버릇 없어"라는 말이 2,000년 동안 반복된 기성세대의 착각이었다는 것이다. 데이터로 확인까지 했다. 그러므로 미래 세대가 더 나은 세상을 꿈꿀 수 있도록 도와주는 것이 어떻게 보면 기성세대의 임무가 아닐까? 그 임무를 기성세대가 잘 수행해야 하지 않을까?

요컨대, 인간다움은 미래에서 찾아야 하는데, 궁극적으로 마지막 결정자는 미래 세대일 수밖에 없다. 어떤 문화를 건설할 것인가는 결국 미래 세대에 달려 있다. 그들이 파괴하면 남지 않을 것이고 그들이 건설하면 성장할 테니까. 이 점에서 모든 인간은 죽기 마련이라는 진실은 앞으로도 인간의 밑바탕에 놓인 조건으로 힘을 행사할 것이다.

---

1 Adam M. Mastroianni & Daniel T. Gilbert (2023), "The illusion of moral decline", Nature 618. 곽노필(2024), 「"요즘 젊은 것들은 버릇 없어"…2천년 반복된 '착각', 데이터로 확인」, 《한겨레》, 2024년 6월 27일.

2장에서는 뇌과학, 고생물학, 고고학, 인류학, 역사학, 사회학, 철학, 심리학, 교육학 등 다양한 학문 영역에서 발견한 인간의 특징을 살피면서, 창의성의 발원지가 어디인지 찾아볼 것이다.

21세기판 프랑켄슈타인: 생명공학의 경우

괴물 혹은 기형이란 무엇일까? 소설이나 영화, 드라마에서 흔히 묘사되는 외모를 잠깐 지우고 살펴보면, 통상적인 생식을 통해 태어난 생물 종이 아니라 뭔가 비정상적인 방식으로 만들어진 별종을 가리킨다. 여기서 비정상적인 방식에는 빅터 프랑켄슈타인 박사가 자신의 피조물 혹은 괴물을 만들 때 사용한 방식도 포함된다.

메리 셸리는 소설 『프랑켄슈타인Frankenstein; or, the Modern Prometheus』 (1818년 초판)[2]에서 프랑켄슈타인 박사를 통해 괴물을 만들었다. 흔히 프랑켄슈타인 박사가 만든 괴물의 이름을 '프랑켄슈타인'으로 알고 있는데, 이는 사실이 아니다. 프랑켄슈타인 박사의 괴물은 납골당의 뼈와 도살장의 시신 따위를 조립해 만들었지만 엄연한 '생물'이다. 가장 아름다운 외모의 특징을 골라 짜맞추겠다는 본래의 의도와 달리 결과적으로 흉측한 외모를 지니게 되었다. 그래서 프랑켄슈타인은 자신이 만든 피조물에게 이름을 주기도 전에 그를 저버렸다. 그래

---

2 메리 셸리, 『프랑켄슈타인』, 한애경 역, 을유문화사, 2013.

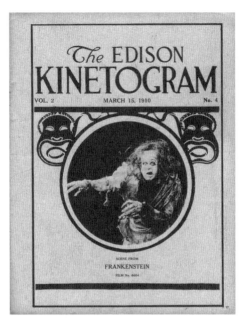

[그림 5] J. 시얼 더둘리 감독 영화 〈프랑켄슈타인〉, 1910년, 토머스 에디슨 제작.

서 괴물은 이름도 없었다. 우리가 '프랑켄슈타인'과 '프랑켄슈타인의
괴물'을 혼동하는 것도 무리는 아니다.

사실 프랑켄슈타인의 괴물이 겪은 불행은 모두 외모 탓이다. "온
갖 노력으로 정성 들여 만든 그 비참한 존재를 어떻게 묘사할까?"(1부
4장) 만약 그 괴물이 호감을 주는 외모였다면 어땠을지 상상해 보길
바란다. 여기서 드러난 것 중 하나는 인간중심주의의 탈을 쓴 외모지
상주의다. 괴물의 복수가 시작된다. 괴물은 이렇게 외치고야 만다.

누구나 끔찍한 괴물을 미워하지. 이 세상의 어떤 생물보다 비참한 나를 아주 증오하지! 하지만 나를 창조한 당신까지 나를 미워하고 냉대하다니. 우리 유대는 끈끈해서 둘 중 하나가 죽어야만 끊어지지. 날 죽이고 싶겠지. 어떻게 이런 식으로 생명을 갖고 감히 장난치는 거지? 당신 의무를 다해. 그러면 나도 당신과 다른 인간에게 의무를 다할 거야. 내 조건에 동의하면, 나도 인간과 당신을 평화롭게 떠나지. 그러나 거절한다면, 살아남은 당신 친구들의 피로 배가 부를 때까지 맘껏 죽일 거야. (2부 2장)

『프랑켄슈타인』이 처음 출간되고 200년이 조금 넘게 지난 지금, 인간은 '크리스퍼-캐스9$^{CRISPR-Cas9}$' 유전자 가위를 이용해 생물을 편집해 만들어 낼 수 있는 수준까지 왔다.[3] 유전자 '가위'는 유전자를 조각조각 잘라서 원하는 부분들을 끼워 맞출 수 있다는 뜻이다. 이 기법은 2020년 노벨화학상을 수상하고야 말았다. 노벨상은 이론이 아니라 실제 결과물이 있어야 시상한다. 증명할 수 있는 증거가 없으면 상을 주지 않는다. 그런데 상을 받았다. 이 말은 실제 유전자를 편집해 원하는 생명체를 만들 수 있는 단계에 접어들었다는 뜻이다. 아직 기술적으로 조금 미흡하긴 하지만, 실제로 작동한다. 마치 프랑켄슈

---

3 가령, 김홍표, 『김홍표의 크리스퍼 혁명』, 동아시아, 2017을 참고.

타인 박사가 시체들의 조각을 모아서 생명체를 만든 것과 비슷하게, 이제 인간이 유전자를 가위로 잘라 원하는 생명체를 만들 수 있는 단계에 진입했다. 생명을 우리 손으로 쥐락펴락할 수 있게 된 것이다. 굉장히 무시무시한 이야기다. 이것이 어떤 결과를 가져올지는 조금 더 지켜봐야 한다. 말 많은 유전자변형작물GMO 논쟁은 이제 옛날이야기가 되었고, 훨씬 손쉽고 정확하게 원하는 형질을 딱 집어내 유전자 수준에서 편집할 수 있게 되었다. 사실 인간은 오랫동안 생물을 편집하는 일에 몰두해 왔다. 품종개량이나 육종이라는 말에 인류의 이런 오랜 노력이 새겨져 있다.

인간은 본래 만들기를 좋아한다. 전에 없던 새로운 생물마저 만들려고 할 정도로 말이다. 그러니까 인간은 천성적으로 괴물을 만들고 싶어 하는 종족이다. 뜯어말린다고 천성이 어디 갈까? 특히 첨단 기술을 누구나 쉽게 사용할 수 있는 상황이 된다면, 윤리 위원회 같은 걸 만들고 실험을 금지한들 호기심이 어디 가겠는가? 그렇게 행동하는 과학자가 바로 역사를 만들어 온 인간 자신의 대표일진대. 더 많은 걸 알고 싶고, 뭔가 새로운 걸 만들어 보려는 호기심에 가득 찬 인간이라는 존재 말이다.

새로운 걸 만들려고 시도하는 성향은 자연에서 두루 발견된다. 유독 인간만 그런 건 아니다. 진화라는 현상이 그걸 잘 보여준다. 진화의 핵심은 무작위적인 '돌연변이'와, 자연선택에 따른 '살아남음'의 조화에 있다. 생물마다 최대한 많은 별종을 만들어 환경 변화에 대비하려고 했다. 어떤 놈이 살아남을지 모르니까, 자기와 비슷하면서도 최대한 다른 '짝퉁'들을 되도록 많이 확보하려는 전략을 썼다. 이렇게 보면 괴물 만들기는 자연의 작동 원리인 것 같기도 하다. 자연을 뜯어말릴 수 있겠는가?

그런데 인간과 자연이 다른 점이 적어도 하나는 있다. 인간은 외모를 중시하는 데 반해, 자연은 외모에 무관심하다. 프랑켄슈타인의 괴물이 전형적인 사례다. 괴물이 '괴물'이라고 불린 건 흉측해서다. 매력적인 괴물을 상상할 수 있을까? 설사 그렇더라도 이 경우 괴물이라는 말에 진지한 의미가 없다. 놀랍다는 걸 표현하려고 거꾸로 말하는 반어법일 뿐이다. 물론 외모가 다는 아니다. 정확히 말하면 외모란 자신이 원하는 이상적인 모습을 기준으로 삼아 평가된다고 해야 맞을 것이다. 인간은 자기가 만들어 낸 것이 바라는 모습이 아닐 때 거부하고 미워한다. 자연이 어떤 결과물이든 모두 품는 것과는 다르다.

그런데 자연선택natural selection 이라고? 자연선택은 자연이 능동적으로 골라내는 게 아니라 자연이 어떤 결과가 벌어질지 가만히 기다리는 걸 말한다. 엄밀한 의미에서 선택choice 하는 것이 아니다. 이제 인간은 생물을 편집해 만들어 낼 능력을 갖게 되었다. 오랜 고민과 노력 끝에 갖게 된 능력이다. 새로운 능력이 생겼을 때는 사용법을 잘 배워야 한다. 자칫 잘못하면 자기가 다칠 수도 있으니까.

프랑켄슈타인의 괴물과는 달리, 인간이 제어할 수 없는 생물이 만들어지면 어떤 일이 벌어질까? 인간보다 훨씬 뛰어난 능력을 갖고 있거나 인간에게 치명적인 생물을 만들게 되지는 않을까? 혹은 인간 복제물이 만들어진다면? 앞으로 많은 괴물이 우리 주변에 생겨날 것이다. 과학자들이 조심하더라도 원치 않는 결과물이 나올 수 있으니까. 바람직한 괴물을 만들어 내려고 했는데, 진짜 괴물이 나오는 식이다. 이건 예측하지 못한다. 절대로 미리 알 수 없다.

이럴 때 우리 사회는 무엇을 준비해야 할까? 일어나지 않은 일을 대비할 수는 없다. 더 중요한 건, 어떤 일이 일어나든 그 문제를 최대한 빨리 감지하고 해결책을 마련할 수 있는 시스템을 갖추는 것이다. 사회가 함께 감당할 몫이다. 과학기술자는 언제나 사회 속에서 활동한다. 좋은 결과를 노리지만 원치 않은 해로운 결과도 나온다. 괴물이 언제든 등장할 수 있다는 말이다. 우리는 괴물이 등장하더라도 잘 살 수 있는 길을 찾아야 한다. 정답을 알면 고민할 필요가 없다. 모르니까 함께 생각해야 한다.

프랑켄슈타인의 기계 괴물이 등장한다면: 인공지능의 경우

한편 프랑켄슈타인의 기계 괴물도 생각해 볼 수 있다. 바로 인공지능이다. 인공지능이 발전하면서 인간과 기계의 경계가 사라지게 될지 모른다는 전망도 나오고 있다. 나는 『인공지능의 시대, 인간을 다시 묻다』나 『AI 빅뱅』을 비롯한 여러 글에서 '인공일반지능' 혹은 '초지능'이 등장하기 어렵다고 철학과 기술에 입각해 주장했다. 따라서 관건은 인간과 대립하는 인공지능보다 인간과 융합한 인공지능일 것이다. 인공지능과 융합했을 때, 인간의 정체성은 그대로 유지될까? 이와 관련해 두 가지를 먼저 짚어볼 필요가 있다.

첫째, 이 물음에는 인간의 정체성이 고정되어 있다거나 인간의 정체성이 무엇인지 잘 알고 있다는 전제가 깔린 듯하다. 따라서 '정체성' 자체에 대해 먼저 묻는 게 필요하다. 고대 그리스 철학자 플루타르코스Ploutarchos는 『영웅전』으로 알려진 책 1권 중 「테세우스의 삶」 23절에서 다음과 같은 글을 남기고 있다. 이 글 마지막 대목의 논쟁을 흔히 '테세우스의 배 역설'이라고 부른다.

크레타에서 돌아온 테세우스와 아테네의 젊은이들이 탄 배는 서른 개의 노가 있었고, 아테네인들에 의해 보존되어 데메트리오스 팔레레우스Demetrios Phalereus의 시대까지 전해졌다. 이들이 부식된 헌 널빤지들을 뜯어내고 그 대신 튼튼한 새 목재를 붙였기 때문인데, 하도 그러다 보니 이 배는 철학자들 사이에서 '자라는 것들에 대한 논리학적 물음'의 두드러진 사례가 되었다. 어떤 이들은 배가 똑같이 남아 있다고 여기고, 어떤 이들은 배가 똑같지 않다고 주장했다.[4]

근대 영국의 철학자 토머스 홉스Thomas Hobbes는 이 역설을 다른 방식으로 제기한다.

> (헌 널빤지를 뜯어내고 새 널빤지를 붙이면서 계속 수선하게 되면서 아테네의 소피스트들이 논박하려 했던 '차이'와 관련해) 널빤지가 전부 바뀐 후에도 테세우스의 배가 처음과 수적으로 같은 배라고 하자. 또 어떤 사람이 헌 널빤지가 뜯길 때마다 그걸 보존해 나중에 같은 순서로 붙여 다시 배를 만들었다면, 의심할 바 없이 이 배는 처음의 배와 수적으로 같은 배다. 따라서 수적으로 같은 배가 두 개 있게 될 텐데, 이는 불합리하다.[5]

처음에 수적으로 하나였던 배가, 긴 시간 동안 수선을 거친 후, 수적으로 두 개의 배가 되었으니, 그건 불합리하다는 것이다.

이와 유사한 문제는 다른 사례를 통해서도 제시될 수 있다. 가령, 생물이 자라면서 몸의 세포가 바뀌면 나중에 다 컸을 때 같은 생물이라고 할 수 있을까? 인간의 심장, 근육, 뇌, 눈을 이루는 세포는 대체로 평생 미세하게 변하며 유지된다. 그러나 피부는 4주, 간은 1년, 혈액

---

4 존 드라이든(John Dryden)의 다음 영역본에서 글쓴이가 번역했다. Plutarch, *Plutarch's Lives*, vol. 1, trans. John Dryden (Little, Brown and Company, 1910).

5 Thomas Hobbes, "Of Identity and Difference," *Elements of Philosophy, the First Section, concerning Body* (London: Printed by R & W Leybourn, for Andrew Crocke, at the Green Dragon in Pauls Church-yard, 1656). 영어본에서 글쓴이가 직접 옮겼다.

은 4개월, 뼈 조직은 10년 정도면 완전히 바뀐다. 그렇다면 10년 전의 나와 지금의 나는 같은 몸이라고 말하기 어렵다. 이 역설은 '자기 정체성'의 문제와도 직결된다. 몸의 세포가 다 바뀌었다면 여전히 같은 나라고 할 수 있는 이유를 찾기 어렵기 때문이다.

우리말 '정체성正體性'을 가리키는 영어 identity의 다른 번역어는 '동일성同一性'이다. identity는 라틴어 대명사 '이뎀idem'에서 유래했는데, 이뎀은 '같은' 혹은 '같은 것'을 뜻한다. 어원을 놓고 보면 '정체성'이란 '같은 것'과 상통한다. 한국어에서 '정체성' 혹은 '동일성'이란 identity를 번역해 수용한 맥락에서 해명될 수 있다. 그렇게 보면, 정체성을 추구한다는 건 동일성을 찾는다는 말이다.

그런데 인간에게 변치 않는 동일성이라는 게 있을까? 변치 않는 '자아ego'가 갖고 있다고 여겨지는 속성이나 특성이 정체성일 테니, 정체성이 성립하려면 우선 자아의 동일성이 입증되어야만 하리라. 그런데 니체Friedrich Nietzsche, 들뢰즈Gilles Deleuze, 과타리Félix Guattari 같은 철학자가 잘 밝혔듯이, 자아의 동일성은 허구에 불과하다. 오히려 정체성의 근원을 기억에서 찾는 접근이 더 설득력을 얻는다.

더 중요한 문제는 여기서 묻는 것이 한 인간a human individual의 정체성이냐 인류humanity, humankind의 정체성이냐 하는 점이다. 지금까지 서양에서는 인류의 정체성을 개인의 정체성에서 찾으려는 경향이 있다는 점을 부인하기 어렵다. 이것이 정체성과 관련된 두 번째 점검

사항이다. 앞에서 잠깐 지적했듯이, 이 문제는 대표적으로 '기억'이나 '지능'에 대한 이해에서 잘 드러난다.

2. 생각이란 사람들 사이에 있는 섬이다

창작을 할 수 있다고 참칭하는 인공지능의 등장은 인간의 고유함, 특히 인간의 마음을 다시 돌아볼 좋은 기회다. 철학은 오랫동안 인간의 마음을 탐구했다. 비록 경험과학의 실증적 방법을 사용할 수는 없었지만, 내적 성찰을 통해 많은 사람이 동감할 수 있는 사실들을 밝혔다.

가령, 근대 철학의 창시자이자 이성론자로 일컬어지는 르네 데카르트René Descartes, 1596~1650는 『제1철학에 대한 성찰Meditationes de prima philosophia』(1641)에서 이렇게 말한다.

나는 있다, 나는 실존한다Ego sum, ego existo. ···· 하지만 그렇다면 나는 무엇인가? 생각하는 존재res cogitans다. 그것은 무엇인가? 분명 그것은 의심하고, 이해하고, 긍정하고, 부정하고, 의지하고, 의지하지 않고, 상상하며, 또한 감각하는 존재다.[6]

데카르트는 '생각'의 의미를 의심, 이해, 긍정, 부정, 의지(의지하지 않음), 상상, 감각이라고 해석한다. 물론 더 넓은 범위의 활동이 포함될 수 있다는 점을 부인할 필요는 없다.

한편, 경험론의 정점을 찍었다고 알려진 데이비드 흄David Hume, 1711~1776은 『인간본성론A Treatise of Human Nature』(1739)에서 이렇게 말했다.

> 우리가 '마음mind'이라 부르는 것은 어떤 관계들에 의해 함께 통일된 상이한 지각들의 더미 혹은 모임a heap or collection of different perceptions, united together by certain relations이다. … 만일 어떤 인상이 자아self의 관념을 일으킨다면, 그 인상은 우리 삶의 전 과정을 통해 불변하는 동일한 것으로 유지되어야 한다. … 그런데 그런 항시적이고 불변하는 인상이란 없다. … 상이한 지각들의 다발bundle 혹은 모임, 이것들 각자는 아주 빠른 속도로 끊임없이 흐르고 운동하면서 서로 뒤따른다.[7]

흄이 파악한 바에 따르면, '마음' 혹은 '자아'란 불변하는 실체가 아니라 끊임없이 변하는 서로 다른 지각들의 더미, 다발, 모임일 뿐

---

6 르네 데카르트, 『성찰』, 양진호 역, 책세상, 2011, 50쪽.
7 데이비드 흄, 『인간본성론』1권 4부 2절, SB206; 1권 4부 6절, SB251~253.

이다.

이들 철학자는 자아, 주체, 마음(정신), 생각이라는 명칭으로 거의 비슷한 것을 가리켰다. 사람들은 보통 마음을 생각의 소재지, 생각이 일어나는 곳, 요컨대 생각을 담는 '그릇'으로 여기곤 한다. 하지만 철학자는 '마음'을 그릇과 같은 실체로 보지 않고 '생각 활동', '생각함'이라고 여기는 경향이 있었다. 그리하여 활동이 정지하면 마음도 함께 사라진다고 보는 해석의 방향이 열리게 된다.[8] 흔한 편견과 달리 철학자들의 보고는 현대 뇌과학이 알려주는 바와 다르지 않다는 점도 주목할 필요가 있다. 나아가 저런 보고는 과학적 측정의 대상이 아니라는 점에서, 과학의 한계를 넘어선 작업이다.

철학자들은 자기 안을 들여다본다는 뜻을 지닌 내적 성찰, 줄여서 '내성內省, introspection'을 통해 마음에 접근했다. 이는 불가피한 접근법이기도 했다. 왜냐하면 마음은 철저하게 내적 현상이기 때문이다. 마음은 일인칭적·주관적이어서 객관적·실증적으로 입증하는 게 불가능하다.

마음은 객관화되지 않습니다. 바로 옆에 있는 사람이 로봇인지 인간인

---

8 반대로 플라톤은 영혼의 불멸과 윤회를 주장하며, 칸트는 영혼 불멸 문제는 인식의 대상이 아니라고 본다.

지 알 수 있는 방법이 있을까요? 마음을 갖고 있어야 인간일 텐데, 마음이 있는지 없는지는 객관적으로 검증이 안 됩니다. 마음이 있는지 없는지는 자기만 알 수 있어요. 이런 특성을 '주관적subjective'이라고 합니다. 일인칭으로만 접근이 가능한 거죠. 누군가가 "나는 마음을 갖고 있다"라고 말한다고 해서 그가 진짜 마음을 갖고 있다고 입증되지는 않습니다. 마음이란 영원히 들여다볼 수 없는 블랙박스인 거죠.[9]

마음은 뇌에 있기 때문에 뇌를 탐구하면 마음을 알 수 있다는 주장도 있다. 그런데 뇌는 신경세포들로 이루어져 있으므로 몸의 일부다. 뇌를 연구하는 일과 마음을 연구하는 일은 관련은 있지만 동일한 작업은 아니다. 뇌과학이나 신경과학을 통해서는 마음이 어디에 있는지 알 수 없다. 마음에 대한 주관적 보고와 객관적 측정 사이의 넘기 힘든 간격 때문에 실증과학은 마음 탐구에 근본적인 한계가 있다. 마음 현상에 대한 주관적 보고에 상당수의 사람이 동의한다면 그것은 신경과학을 통한 측정 자료와 비교할 수 있는 객관적 자료가 된다.

따라서 마음이 내성을 통해 접근될 수밖에 없다고 해서 그것을 '임의적', '자의적'이라고 여겨서는 안 될 것 같다(1장 8, 9절 참조). 임의

---

9 김재인, 『인공지능의 시대, 인간을 다시 묻다』, 동아시아, 2017, 11쪽. 주제와 관련해 이 책의 다른 부분들도 참조.

성 혹은 자의성은 마음과 생각을 다루는 활동에 던지는 흔한 의문이다. 실증과학에 비해 불완전하거나 열등하다고 주장되는 근거이기도 하다. 흔히 열 길 물속은 알아도 한 길 사람 속은 모른다고 하지 않던가. 이 속담은 내면 성찰의 보고가 믿을 수 없다는 증거로 쓰이기도 한다. 그렇지만 이 속담을 마음 탐구의 어려움을 말하는 정도로 이해하기로 하자.

시인의 통찰이 종종 도움이 되기도 한다. 영국 시인 존 던^{John Donne, 1572~1631}의 다음 시구는 잘 알려져 있다.

어떤 사람도 섬이 아니다. 저절로 전체다.
각자는 대륙의 한 조각이며,
본진의 한 부분이다.
…
그러니 누구를 위해 종이 울리는지 알아보기 위해 사람을 보내지 말라.
종은 그대를 위해 울린다.[10]

이 시는 사람은 누구나 연결된 존재라는 점을 강조한다. 마지막

---

10 John Donne, *Devotions upon Emergent Occations*, Ann Arbor Paperbacks: The University of Michigan Press, 1959.

구절은 헤밍웨이의 소설 제목으로, 또 메탈리카의 곡 제목으로 잘 알려진 "누구를 위해 종이 울리나?"라는 표현을 담고 있다. 여기서 말하는 종은 죽은 사람을 기리는 조종弔鐘이다. 애도의 종을 울리면서 그 사람을 떠나보내는 것이다. 그런데 누구를 위해 종이 울리는지 알아보기 위해 사람을 보내지 말라고 시인은 말한다. 답은 이미 정해져 있으니까. 그대를 위해, 바로 당신을 위해 추념의 종, 애도의 종이 울리는 거니까. 그 누구도 외따로 떨어진 섬과 같은 존재가 아니며, 각자는 서로 이어져 있는 존재이기 때문이다. 인간은 모두 연결된 존재라는 사실을 시인은 노래한다.

다른 한편, 이 시구는 정현종의 시를 떠올리게 한다.

사람들 사이에 섬이 있다
그 섬에 가고 싶다.[11]

「섬」이라는 시 전문이다.

사람들 사이에 섬이 있고, 그 섬에 가고 싶다고 시인은 말한다. 사람들은 직접 연결되거나 이어져 있는 존재가 아니라는 말이다. 존 던의 이야기와 달리, 사람들은 서로 외따로 떨어져 있는 고립된 존재,

---

11 정현종, 『정현종 시전집 1』, 문학과지성사, 1999.

고독한 존재라는 느낌이 든다. 따라서 함께 만날 수 있는 그 섬에 가고 싶다고 한다. 이 시는 서로 동떨어진 채로 살아가는 사람들 간의 고립과 외로움을 노래하는 듯하다. 가고 싶지만 갈 수 없는 곳을 향한 그리움도.

그렇다면 과연 인간은 어떤 존재일까? 서로 이어져 있는 존재일까, 아니면 외따로 떨어져 있는 존재일까? 이런 의문을 품게 하는 두 시인의 노래를 보았다. 두 시인도 시를 통해 내성의 결과를 내보이고 있다. 그렇다고 해서 단지 주관적이고 임의적인 해석에 내맡겼다는 뜻일까? 이 시들을 읽고 받은 '느낌'이 모든 사람에게 대체로 일정한 해석 범위 안에 있다는 건 어떻게 설명해야 할까? 나아가 훌륭한 예술 작품을 감상한 느낌이 상당 부분 서로 일치한다는 점은? 이를 예술에서의 '공통감sensus communis'이라고 부르지 않던가? 여기에는 뭔가 다른 비밀이 있는 게 아닐까?

뒤에서 살펴보겠지만, 인간이란 거대한 기억이기도 하다. 인류는 문명이라는 기억을 딛고 성장했으며, 사실상 이 기억과 외연이 거의 겹친다. 기억은 인간의 생각에서 발원했지만 인간 사이에 존재한다. 역으로 기억은 인간의 생각을 형성하며, 그럼으로써 인간을 인간으로 만든다. 문명의 양육을 거치지 않은 인간은 동물 종으로는 인간(호모사피엔스)일지 몰라도 속이 채워진 인간은 아니다. 오늘날 인간은 문명이라는 보육 장치 없이 존재할 수 없다.

이를 통해 알 수 있는 흥미로운 점은 마음이 인간 '내면'에 있는 동시에 인간 '사이'에 있다는 사실이다. '어떤 이'의 마음과 생각은 오직 '다른 이'의 마음과 생각을 통해서만 확인되고 파악된다. 생각은 내면에 머물 때가 아니라 사람들 사이에서 외화^{外化}될 때 비로소 실존한다. 물질을 입어야 비로소 생각이 존재하게 된다는 말이다. 여기서 말하는 물질은 소리(음성), 문자, 인쇄, 전기 및 전자 장치, 물리적 재료 속 형상화 등 누구라도 접근할 수 있는 객관적 미디어를 가리킨다.

우리는 누군가의 생각을 '미디어'를 통해 접한다. 또, 그 누군가 자신에게도 생각이 보존되고 지속되려면 '미디어'가 반드시 있어야 한다. 내면의 기억이란 휘발되기 쉬운 법이다. 이렇게 보면 사람들 사이에 있는 '물질' 혹은 '미디어'야말로 생각이 존재하는 곳 아닐까? 내면의 생각마저 인간 사이로 옮겨질 때야 비로소 진짜 존재하게 되는 것 아닐까?

정현종 시인은 "사람들 사이에 섬이 있다"라고 적었다. 하지만 이섬은 고립의 장소가 아니라 공유의 장소가 아닐까? 이 섬이야말로 바로 공동 뇌고, 공동의 마음과 생각 아닐까? 내밀히 있는 그 무엇이 아니라 바깥으로 나온 마음과 생각 말이다. 이런 점에서 마음과 생각은 개인의 고유한 재산이 아니라, 인간 전체가 공유하고 있는 그 무엇이며, 개인은 그 일부를 잠시 나누어 가진 것에 불과한 것 같다. 즉, 나의 생각이란 시한부 소유물에 가깝다. 내 바깥에서 와서 머물며 재조립되고 변형되어 내 바깥으로 표현되어 이번에는 다시 모든 사람의 것이 된다. 내 생각이란 바로 그런 것이 아닐까? 각자의 생각은 공동 뇌라는 호수로 흘러들었다가, 각자라는 지류로 환류하는 게 아닐까?

3. 개인 뇌에서 공동 뇌로

시인들의 통찰을 통해 인간의 마음과 생각이 인간 '내면'에 있지만 또한 인간 '사이'에 있다는 점을 확인했다. 표현되지 않은 생각은 잠재된 상태로만 있다. 생각은 표현되어야 비로소 실재하게 되는데, 표현은 누구나 공개적으로 접근할 수 있는 물질 미디어를 통해 이루어진다. 따라서 흔히 예상하는 것과 달리 생각은 늘 외화된 형태로 존재한다.

물질 미디어의 형태로 외화된 생각, 인간 사이에 있는 생각, 인류 전체가 공유하고 있는 객관화된 생각, 개인들로 흘러들고 개인들이 다시 채워 넣는 인류 공동의 소유물, 이것이 바로 인류라는 공동 뇌다.

뇌과학 연구는 생각이 인간 '사이'에 있다는 점을 다른 각도에서 보여준다. 친밀함을 오래 유지한 커플은 '공유 기억' 혹은 '분산 기억' 시스템을 발전시킨다. 말하자면 나의 뇌가 두 개가 된다는 뜻이다.

다른 한편, 둘보다 많은 사람들 사이에서도 생각의 합의가 일어날 때는 뇌의 동기화가 이루어져 '단일한 초뇌超腦'를 형성한다.

커플, 사회적으로 분산된 인지 시스템

두 사람이 오랜 기간 친밀한 관계를 유지하며 살았다면, 기억에는 어떤 변화가 있을까? 나이 든 커플(꼭 혼인한 부부에 한정할 필요는 없음)의 기억은 개인 혼자일 때와 어떻게 다를까? 이 주제를 다룬 어느 인지과학 논문[12]은 우리의 예상을 크게 벗어나지 않는 연구 결과를 보여준다. 이 논문은 네 편의 실험 논문을 검토하면서 '사회적으로 분산된 인지 시스템', 즉 '공유 기억' 또는 '분산 기억'의 존재를 주장한다. 두 사람은 이른바 공통의 뇌를 공유하게 된다는 것이다. 그 과정은 의사소통 과정, 관계의 친밀감, 사회적 만족에 따라 달라진다. 그 내용을 간단히 따라가 보자.

셸리아 B. 해리스와 동료들은 「사회적으로 분산된 인지 시스템으로서의 커플: 일상의 사회적·물질적 맥락에서 기억하기」라는 논문에서 다음과 같은 결론을 도출한다. 먼저 초록을 보자.

---

12   Celia B Harris, Amanda J Barnier, John Sutton and Paul G Keil (2014), "Couples as socially distributed cognitive systems: Remembering in everyday social and material contexts", *Memory Studies* 7(3), 285~297. DOI: 10.1177/1750698014530619.

일상생활에서 기억하기remembering는 사회적 맥락에서 이루어지며, 많은 분과로부터 도출된 이론은 공유된 기억하기shared remembering (이하 '공유 기억')의 인지적·사회적 혜택을 예측한다. 최근의 논쟁은 인지가 개인들 및 물질적 자원뿐 아니라 개인 집단들에 걸쳐 분산될 수 있다는 가능성을 중심으로 전개되어 왔다. 우리는 기억이 집단에서 공유될 수 있는 방식에 대한 새로운 통찰을 얻기 위해 분산 인지 렌즈lens of distributed cognition를 채택한 성숙한 경험적 연구 프로그램의 증거를 검토한다. 우리는 네 가지 연구를 가로질러 친밀한 커플의 공유 기억을 조사했다. 우리는 이들의 간단한 기억 과제에 대한 협업과 공유된 과거 경험에 대한 대화를 연구했다. 또한 우리는 커플이 물질 자원과 대인 자원을 조정하는 복잡한 방식을 조사하기 위해 일상의 기억 보상 전략에 관해서도 질문했다. 우리는 공유 기억의 비용과 혜택, 공유 기억의 결과에 영향을 미치는 그룹의 특징과 기억 과제의 특징, 공유 기억의 인지적·대인적 기능, 사회자원과 물질 자원 간의 상호작용 등의 견지에서 연구를 논의한다. 더 넓게 보면, 이 학제 간 연구 프로그램은 경험적 심리학 연구가 분산 인지에 대한 지속적인 학제 간 논의에 기여할 수 있는 잠재력을 제시한다.

논문에서 언급된 '분산 인지distributed cognition'란 무엇인가? 그것은 '환경의 일부가 올바른 방식으로 뇌에 짝지어지면coupled 마음의 일부가 된다'는 견해에서 출발하는데, 여기서 '올바른 방식'에 관해 다음과 같은 기준이 제시될 수 있다. "1. 리소스를 안정적으로 사용할 수 있고 전형적으로 소환될 수 있어야 하며… 2. 이렇게 인출된 모든 정보가 거의 자동으로 보증되어야 하고… 3. 리소스에 담긴 정보는 필요할 때면 쉽게 접근할 수 있어야 한다." 분산 인지란 환경과 뇌가 짝지어져 마음이 확장한다는 뜻이며, 뇌와 환경 둘 다에 걸쳐 있기에 '분산'이라고 표현했다.

인지 과제를 내부(=뇌) 및 외부 자원에 분산하는 데는 다음의 세 가지 양립 가능한 가능성이 있다. "첫째, 인지적 분산은 배를 조종하는 것과 같이 개인 혼자서는 완수할 수 없는 매우 복잡한 과제를 수행할 수 있게 해준다. 둘째, 인지적 분산은 개인이 어떤 방식으로든, 혹은 더 효율적으로, 혹은 적어도 혼자 할 때와는 다른 방식으로, 다른 결과를 낳으며 과제를 '더 잘' 수행할 수 있게 해준다. 셋째, 인지적 분산은 개인의 인지 자원이 감소하거나 실패하더라도 (혼자 수행하던) 일상 과제를 완수할 수 있는 능력을 유지하게 해준다."

그러면 논문의 주제인 '사회적으로 분산된 인지socially distributed cognition'가 무엇인지 살펴보자. 분산 인지가 물질 자원에 초점을 맞추는 데 반해, 사회적으로 분산된 인지는 물질 자원과 사회자원 모두를 포함한다. '기억의 사회적 공유'는 사회적으로 분산된 인지의 사례일 수 있다. 특히 친밀한 커플이 함께 기억하는 현상에 초점을 맞출 수 있다. 오래된 부부가 대표적인 사례다.

연구진은 네 가지 사례의 문헌을 검토하고, 이를 통해 여섯 가지 주제를 고찰했다. 연구 대상은 결혼 26~60년 된 60~89세의 부부 12쌍(24명의 노인), 결혼 15~62년 된 69~86세의 부부 19쌍(38명의 노인), 결혼 38~65년 된 60~88세의 부부 20쌍(40명의 노년층), 결혼 혹은 동거한 지 2~19년 된 26~42세의 젊은 부부 13쌍(26명)으로, 총 64쌍에 이른다. 고찰한 내용은 다음과 같다.

(1) 공유 기억의 비용과 혜택: 연구 결과 비용은 관찰되지 않았던 데 비해 두 가지 혜택이 시사되었다. "조종사처럼 커플도 효과적인 의사소통에 숙련되고 연습되어 있을 수 있으며, 커플이 공유하는 지식의 정도는 과제 및 커플에 따라 다르지만 협업의 기반이 되는 공유된 지식과 공유된 경험을 갖고 있다."

(2) 공유 기억의 혜택은 누가, 왜 얻는지: 커플마다 협업과 기억의 상관성이 제각각인 결과를 관찰했으므로 그 원인을 추정해 보았다. 여러 연구에 따르면, 의사소통 과정, 관계의 친밀감, 사회적 만족이 공유 기억에서 혜택을 얻는 원인으로 보인다. 가령 '나'라는 용어보다 '우리'라는 용어를 더 많이 사용하는 부부가 혜택을 얻는 것으로 관찰되었다.

(3) 어떤 종류의 기억이 혜택을 보이는지: 협업의 혜택은 특정 종

류의 기억에만 국한되는 걸까? 특징적인 것은 협업하는 커플이 기억을 '에피소드화'하는 경향이 있다는 점이다. "협업하는 커플은 특정 사건을 스쳐 가듯 회상하기 시작했으며 개인 혼자 회상할 때보다 훨씬 더 많은 비율로 회상했다." 여행한 장소를 기억하는 과제는 잘 수행하지 못했지만, 그 과제에서 일탈해 여행지에서 함께 겪은 사건을 서로 이어가며 회상했던 것이다.

(4) 성공적인 기억의 본성과 다양한 종류의 등장emergence: 공동 회상은 더 많이 혹은 더 정확하게 기억하는 등 양적 증가를 반드시 의미하는 건 아니다. 오히려 다른 측면이 관찰되었다. 첫째, 새로운 세부 사항이 등장한다. 어느 한쪽이 혼자 회상할 수 없는 새로운 정보가 협업 중에 이용 가능해졌다. 둘째, '질quality의 등장'이 있다. 혼자 기억될 때보다 협업할 때 기억이 감정적으로 더 풍부하고 생생했다. 셋째, 새로운 이해가 등장한다. 협업 후에 과거의 같은 사건이 지금은 다르게 이해되는 것이다.

(5) 사회자원과 물질 자원의 상호작용: 연구에 따르면 목록, 노트, 일기, 달력 등 외부 자원에 의존하는 기억 전략이 대부분이었다. 흥미롭게도 성별에 따라 전략의 차이가 관찰되었는데, 여성이 외부 기억 자원을 유지하고 업데이트하고 점검하는 데 반해 남성은 여성에게 의존하는 경향이 더 많았다. 하지만 사회자원과 물질 자원은 서로 상호작용하고 조정되기 때문에 따로따로 물어서는

파악하기 어렵다.

(6) 분산 인지 및 기억 보상: 친밀한 부부는 인지 수행 면에서 상호 의존적일 수 있다. 또한 배우자와의 협업이 노화와 관련된 인지 기능 저하의 영향을 보완할 수 있다.

이 논문이 밝힌 것은 친밀한 관계를 유지하는 커플의 뇌가 두 배로 확장했다는 사실을 함축한다. 두 사람 사이에 공동 뇌가 만들어졌다고 이해해도 좋다. 그렇다면 두 사람 사이에서만 그런 일이 일어나는 것일까? 아니면 더 많은 사람 사이에서도 공동 뇌가 만들어질 수 있을까?

합의를 형성하는 뇌들은 동기화된다

최근 '집단 신경과학collective neuroscience'이라 불리는 연구 분야가 빠르게 성장하고 있다. 이 연구는 함께 이야기 만들기 같은 상호작용을 하는 두 사람 이상의 뇌를 fMRI 장비로 각각 동시에 관찰하는 것이다. 피험자가 멀리 떨어져 있어도 별도의 뇌 영상 촬영을 통해 이런 관찰이 가능해졌다. 이처럼 두 사람과 두 개 이상의 뇌 영상 촬영 장비를 통해 관찰하는 것을 '하이퍼스캐닝hyperscanning'이라고 한다. 이 연구를 통해 '사교성sociability에서의 새로운 수준의 풍부함과 복잡함'이 드러나기 시작했다.

저명한 과학 저널리스트 리디아 덴워스^{Lydia Denworth}는 「사람들이 상호작용할 때 뇌파가 동기화된다: 사회적 종의 마음은 놀랍게 공진 共振한다」라는 제목의 《사이언티픽 아메리칸》 기고문[13]에서 이렇게 보고한다. "가령 교실에서 학생들이 교사와 수업할 때 학생들의 뇌 처리 패턴은 교사의 패턴과 일치하기 시작하고, 일치가 클수록 학습이 더 잘 이루어진다. 음악 공연을 듣는 사람들의 특정 뇌 영역의 신경파는 연주자의 신경파와 일치하고, 동기화가 높을수록 즐거움도 커진다. 연인 관계에 있는 커플은 연인 관계가 아닌 짝들보다 더 높은 수준의 뇌 동기화를 보이며, 마찬가지로 친한 친구들은 그렇지 않은 지인들에 비해 더 높은 뇌 동기화를 보인다." 과연 어떤 일이 벌어지고 있는 걸까? 아래에서 그 내용을 따라가 보자.

연구자들은 '뇌 간 동기화^{interbrain synchrony}가 사람들에게 상호작용을 준비하게 하는 관계의 표시'라고 본다. 연구를 진행하는 탈리아 휘틀리^{Thalia Wheatley}는 이렇게 말한다. "우리가 서로 대화할 때, 우리는 부분의 합으로 환원할 수 없는 단일한 초뇌^{a single überbrain that isn't reducible to the sum of its parts}를 만들어 낸다. 산소와 수소가 결합해 물을 만드는 것처럼, 산소와 수소 각각으로 환원할 수 없는 특별한 무언가

---

13 Lydia Denworth, "Brain Waves Synchronize when People Interact", *Scientific American*, https://www.scientificamerican.com/article/brain-waves-synchronize-when-people-interact/ 2023.7.1.

를 만들어 낸다."

　이런 사실은 과일박쥐fruit bat 연구자 마이클 야르체프Michael Yartsev
도 지지한다. 별도의 방이 아닌 동일한 사회적 환경에 있을 때, 박쥐
의 뇌파 패턴은 활동적 행동을 할 때 높은 수준의 동기화를 보여주었
다. 또한 더 많이 상호작용할수록 뇌 간 상관관계가 증가했으며, 이
는 사회적 상호작용의 증가보다 먼저 나타났다. 즉, 각각의 상호작용
은 일련의 결정들이며, 뇌 간 상관관계가 상호작용을 촉진한다는 사
실을 시사한다.

　뇌파 대역 간의 동기화를 살피는 것 말고도, 특정 뉴런의 활동을
살펴보는 것도 또 다른 방법이다. 신경과학자 웨이제 홍Weizhe Hong은
생쥐 연구에서 상호작용하는 생쥐 한 쌍에서 지속적인 사회적 상호
작용 중에 동기화가 나타난다는 사실을 확인했다. 특기할 만한 사항
은, 서열이 가까운 쥐들보다 사회적 지위가 멀리 떨어져 있는 쥐들,
즉 지배적인 쥐와 복종적인 쥐 사이에 동기화 수준이 높았다는 점이
다. 박쥐와 생쥐 연구는 기술적으로 매우 달랐지만, 서로의 연구 결
과는 놀랍도록 유사했다.

　휘틀리의 공동 연구자 아담 본츠Adam Boncz는 공동 스토리텔링에
서 단지 서로 말하고 듣고 이해하는 것 이상의 무언가가 있어야 한다
고 본다. 본츠는 말한다. "예를 들어, 사람들이 서로 다른 자극을 받더
라도 그것을 같은 방식으로 이해할 때, 즉 그들이 공유하는 어떤 상

위 수준의 의미가 있을 때 동기화가 일어날 수 있다." 연구팀에 따르면, 기억과 이야기 구성에서 활성화되는 일부 뇌 영역, 특히 두정엽피질parietal cortex 이 독립적인 이야기를 할 때보다 공동 스토리텔링을 할 때 더 큰 상관관계를 보인다.

또 다른 공동 연구자 보 시버스Beau Sievers는 낯선 무성영화의 클립을 시청한 후 49명의 피험자들을 네 명 정도 단위의 소집단들로 나누어 영화의 주제에 대해 합의를 도출하도록 요청했다. 참가자들은 깊은 논의를 마치고 다시 그 클립과 영화의 다른 새로운 영상을 보았다. 뇌 영상 촬영 결과를 보면, 합의에 도달한 집단의 뇌 처리 패턴이 일치했다. 가장 말을 많이 한 사람이 아니라 가장 경청하고 합의를 구하기 위해 열심히 노력한 사람이 다른 사람의 뇌를 먼저 동기화하고 더 큰 집단에서 동기화를 주도했다. 시버스는 말했다. "참가자들은 함께 이야기하고 집단으로 합의에 도달함으로써 뇌를 일치시켰다."

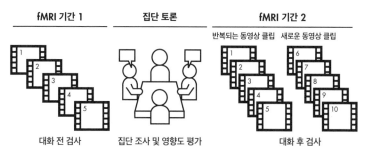

fMRI 기간 1　　**집단 토론**　　**fMRI 기간 2**

반복되는 동영상 클립　새로운 동영상 클립

대화 전 검사　　집단 조사 및 영향도 평가　　대화 후 검사

[그림 6] 보 시버스의 실험 절차.

대화는 우리의 생각을 어떻게 변화시킬까? 2024년 5월에 출간한 논문[14]에서 시버스와 동료들은 연구를 더 발전시켜 '대화가 진행되면서 우리의 신념과 뇌 반응이 어떻게 형성되는지' 연구했다. 앞에서 본 바와 같이 연구는 다음과 같은 결과를 도출했다. "합의를 형성하는 대화는 집단 내 미래의 뇌 활동을 일치시키며, 이러한 일치는 참가자들이 논의하지 않은 새로운 경험을 통해서도 지속된다."

결과를 조금 더 자세히 요약하면 다음과 같다. "신경 일치의 해부학적 위치는 집단별 대화별로 다르지만, 시각적 주의, 운동, 이야기 이해, 기억과 관련된 뇌 영역에 집중되어 있다. 또한 대화 행동은 신경 일치의 차이와 관련 있다. 사회적 지위가 높다고 인식된 참가자들은 발언 기회를 더 많이 차지했고 다른 사람들에 대한 불신을 표시한 데 반해, 실제 세계의 사회적 네트워크에서 중심에 있는 참가자들은 더 큰 일치를 보여준다. 이는 지위가 높다고 인식되는 참가자는 다른 사람의 제안에 불신을 표시하고 더 많이 말함으로써 집단 합의를 방해하기 때문일 것이다. 반대로, 높은 중심성을 가진 참가자들은 다른 사람들의 발언을 장려해 자기 집단과 신경 일치를 하게 될 가능성이 높다."

---

14 Beau Sievers, Christopher Welker, Uri Hasson, Adam M. Kleinbaum & Thalia Wheatley (2024), "Consensus-building conversation leads to neural alignment", *Nature Communications* 15.

요컨대, 친밀한 관계나 협력 관계를 이루는 사람들 사이에 '뇌파' 수준에서 동기화가 일어났다는 것이 관측되었다. 앞에서 보았듯, 연구자 중 한 사람은 이를 '단일한 초뇌ᵃ single überbrain'라고 표현한다. 독일어 '위버über'가 사용되었다는 점이 주목할 만한데, 이 전치사는 영어로 'over', 즉 여러 뇌에 걸쳐, 여러 뇌를 아우르고 있다는 뜻이기 때문이다. 이것이야말로 여러 사람 사이의 '공동 뇌'가 아니라면 무엇을 가리키겠는가?

4. 개인 지능이 아닌 공동 지능이다

유진적으로 의미 있는 생물의 단위는 개체indiviaual가 아니라 개체군population이다. 개체군은 미묘한 차이가 있는 개체들의 유전자들을 한데 저장한 풀pool이자 이를 자손에 전달하는 단위다. 생식은 개체군 안에서 일어난다. 생물에게 중요한 건 개체보다 개체군이며, 개체에 좋다고 개체군에 좋으란 법은 없다. 특정 개체에 좋은 것이 개체군에는 오히려 해가 될 수도 있기 때문이다. 이렇게 되면 장기적으로 개체군은 위태로워진다. 이 점을 그레고리 베이트슨Gregory Bateson은 다음과 같이 기가 막히게 말한다.

아주 무작위로 생겨난 돌연변이들은 개체군의 유전자 풀에 모이고, 자연선택은 생존'과 같은 어떤 것'의 관점에서 선택 가능한 돌연변이 중 불리한 것들을 제거하도록 작동하며, 이 제거는 대체로 무해하거나 유익한 것에 우호적일 것이다. … 개체의 생존에 가치가 있는 것이 개체군 혹은 사회에 치명적일 수도 있다. 단기적으로 좋은 것(증상 치료)이 장기적으로는 중독성이 있거나 치명적일 수도 있다.[15]

이처럼 개체군은 유전적 차원에서도 중요하지만, 특히 인간 사회에서는 유전적 차원 못지않게 중요한 문화나 문명의 차원을 형성하는 데 결정적인 역할을 한다. 바로 유전자(몸) 바깥에 건설한 거대한 기억 풀(문명)이 바로 인간의 고유함을 증언해 주기 때문이다.

앙드레 르루아구랑: 창의가 성공하는 과정

개체군이 중요한 건, 개체 차원에서라면 불가능했을 뇌와 몸 밖의 기억을 개체군 수준에서 간직할 수 있기 때문이다. 이는 모든 생물 중에서 인간에게 가장 탁월하게 관찰되는 특성이며, 지금까지 관찰된 바에 따르면 아마 인간에게서만 관찰되는 특성일 것이다. 감히

---

15 Gregory Bateson, *Mind and Nature: a Necessary Unity*, New York: E. P. Dutton, 1979, p. 148.

말하자면, 인간은 생물학적인 유전자 기억 말고도 사회적·문화적인 공동 집단 기억을 형성하고 유지한다. 인간에게는 두 층위의 기억이 병존하며, 두 층은 상호 교류하고 공진화한다. 이것이 인류 진화를 이끌고 문명을 건설해 온 핵심 역량이다. 다른 모든 종에서는 유전적 수준에서 개체군이 중요했지만, 인간에게는 유전자와 문화 두 수준 모두에서 개체군이 더더욱 결정적이다.[16]

원자적 개인주의에 익숙한 현대인의 시각에서 이런 주장은 등골을 서늘하게 할지도 모른다. 집단을 위해 개인을 희생하라는, 역사적으로 가끔 등장했던 집단주의나 전체주의의 구호가 연상될 수도 있다. 하지만 개체군을 강조하는 것은 오히려 오늘날 경시되어 온 '소통'과 '협력'과 '연대'라는 다른 가치를 옹호하기 위한 지반이다. 발생적으로 존재론적으로 개체들이 얼마나 개체군에 의존하고 있는지 이해하고 나면, 개인주의 및 그에 기초한 자유주의와 시장주의가 발붙일 논리적 근거는 사라질 것이다.

개체의 지능은 자신의 생존을 위해 발휘되는 능력을 넘어서, 개

---

16 이에 관해서는 다양한 연구가 이루어졌다. 슈테판 클라인, 『창조적 사고의 놀라운 역사: 뗀석기에서 인공지능까지, 인간은 어떻게 세상을 바꾸어왔는가』, 유영미 역, 어크로스, 2022. 케빈 랠런드, 『다윈의 미완성 교향곡: 문화는 어떻게 인간의 마음을 만드는가』, 김준홍 역, 동아시아, 2023. 에드윈 게일, 『창조적 유전자: 풍요가 만들어낸 새로운 인간』, 노승영 역, 문학동네, 2023, 피터 J. 리처슨, 로버트 보이드, 『유전자는 혼자 진화하지 않는다: 인류의 삶을 뒤바꾼 공진화의 힘』, 김준홍 역, 을유문화사, 2024.

체군 모두가 생존하고 유지되기 위해 활용되는 능력이다. 개체들의 지능이 모인 지능의 합집합은 다시 개체들이 활용할 수 있는 거대한 자원 풀로서 개체들을 돕는다. 인류의 공동 뇌가 형성된 것이다. 이 점은 고생물학, 인류학, 심리학, 교육학 연구에서 입증된 바 있다.[17]

공동 기억은 인간을 인간으로 만들어 주는 힘이다. 공동 기억은 창조적 능력이고 협력을 통해 작동한다. 먼저 발현된 창의성은 공동 기억의 풀에 모여 공동 자원이 된다. 이런 주장 앞에서 흔히 제기되는 질문이 있다. 모든 인간이 창의적인 건 아니다, 몇몇 천재가 인간을 대표할 수는 없으며 오히려 그런 식의 주장은 보통 인간의 존엄을 깎아내린다, 많은 면에서 기계나 동물이 인간보다 뛰어나다 등등. 이런 질문들은 소중하다. 하지만 사태의 부분만 보기 때문에 생기는 질문이다. 인간의 창의성이 실현되는 구체적인 방식을 석기를 처음 발명한 구석기인으로 돌아가 살펴보는 것이 이해를 도울 것이다.

앙드레 르루아구랑André Leroi-Gourhan이 제시한 다음의 그림[18]은 하나의 몸돌에서 석기 하나를 떼어 내는 구석기인의 작업이 갖는 어려움을 잘 요약한다. 이 작업에는 적어도 여섯 단계의 연속되는 기억이 필요하다. 앞선 결과물에서 다음 결과물이, 또 그 결과물에서 그다음

---

17 이어지는 대목은 김재인, 「인공지능 시대, 창의성 개념의 재고찰」, 『예술영재교육』 6, 2021, 20~21쪽을 자유롭게 활용했으며, 자세한 내용은 『AI 빅뱅』의 4장 4절, 5절도 참조.

18 Leroi-Gourhan, 1964, p. 144.

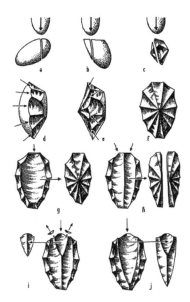

[그림 7] 구석기시대의 석기 제작 과정.

결과물이 나오는 일련의 과정을 거쳐야 하고, 방향, 세기, 각도, 순서를 엄밀하게 따라야 한다.

처음 돌도끼를 깬 이래로 인간의 창의성이 발현된 방식은 다음과 같이 요약할 수 있다. 우선, 첫 발견 또는 발명의 순간이 있다. 이런 일은 처음 성공한 한 개인에 의해 발생한다. 첫 번째 성공을 위해 수많은 사람의 시행착오가 있었다. 따라서 이 개인을 '천재'라고 부를 수 있다는 점과 함께 이 천재가 속한 집단도 '천재를 낳은 집단'이라고 평가할 수 있다는 점을 간과해서는 안 된다. 즉, 천재는 항상 집단이 배출한다.

다음으로, 집단은 처음의 성공을 기억한다. 이는 집단이 이미 갖추고 있던 온갖 수단과 방법으로 진행된다. 초기에는 소리, 손짓, 음성, 노래, 기록 등이 수단으로 이용되었으리라 추측된다. 오늘날 재현된 실험에 따르면 돌도끼 하나를 깨는 데도 상당한 학습 시간과 노력이 필요했으니,[19] 의사소통 수단도 제대로 확보하지 못했던 기술 수준에서 이는 결코 쉬운 작업이 아니었을 것이다. 이렇게 작은 집단이 기억한 내용은 이어 더 큰 집단으로, 또는 다른 집단으로까지 확산된다. 나아가 그것은 다음 세대로 전수된다. 어쨌든 성공한 당대 집단의 기억이 없었다면, 후대로의 전승은 불가능했을 것이다.

지식과 기술의 전수는 기억의 공유와 확산 과정, 즉 교육과 학습을 통해 이루어진다. 암기와 실기가 중심에 있었다는 사실은 말할 필요도 없다. 오늘날 암기식 교육이 부적절하다는 지적이 많지만, 암기는 언제 어디서나 교육의 핵심이었다. 대략 20세기 후반에 접어들기 전에는 지식과 기술의 총량이 많지 않았으니 더더욱 기억의 역할이 컸다.

인간 문화와 문명은 거대한 기억 덩어리다. 처음 돌도끼를 성공적으로 완성한 사건은 이후 전개된 모든 발견과 발명의 징후다. '발견과 발명' → '집단의 기억' → '더 큰 집단으로의 확산' → '다음 세대로의

---

19 실제로 고고학을 전공한 모 대학 교수는 자신이 아직도 석기를 만들 줄 모른다고 증언한다.

전승' → '새로운 발견과 발명의 추가'. 이 과정의 반복을 통해 현재의 인류가 형성될 수 있었다. 돌도끼를 만든 능력이 인공지능과 생명공학으로 이어진 출발점이었다. 인류는 초기 이주 과정에서 작은 집단들로 쪼개졌다. 역사는 인류가 다시 합쳐지는 과정이었다. 충돌과 갈등, 분쟁과 전쟁도 있었고, 교류와 융합, 협력과 협업도 있었다.

이상의 과정은 다음과 같은 유명한 문구로 집약되어 표현되곤 한다. "내가 더 멀리 보았다면 이는 거인들의 어깨 위에 올라서 있었기 때문이다."[20] 1676년 로버트 후크에게 보낸 편지에서 아이작 뉴턴Isaac Newton이 쓴 말이다. 그런데 이 유명한 문장의 기원은 1130년 프랑스의 플라톤주의 철학자 베르나르 드 샤르트르Bernard de Chartres 까지 거슬러 올라간다. "우리는 거인들(고대인들)의 어깨에 올라탄 난쟁이들과 같아서 거인들보다 더 많은 것을 더 멀리 볼 수 있다. 이는 우리의 시력이 뛰어나거나 체격이 유리해서가 아니라 거인들의 높은 키에 업혀서 높이 올라왔기 때문이다."[21]

뉴턴과 샤르트르 사이에는 몇 단계의 인용과 재인용이 있었는데, 뉴턴이 굳이 출처를 밝힐 필요가 없을 정도로 유명한 구절이었다는 것이 정설이다. 그렇다면 최초의 거인은 누구였을까? 바로 최초로 돌

---

20 Turnbull, H. W. ed., 1959. *The Correspondence of Isaac Newton: 1661~1675*, Volume 1, London, UK: Published for the Royal Society at the University Press. p. 416.

21 Bernard de Chartres, *Metalogicon* 3, de Jean de Salisbury.

도끼를 깎아 낸 이름 모를 구석기인이 아니었을까?

아구스틴 푸엔테스: 집단 기억 혹은 공동 지능이 인간만의 특성이다

인류학자 아구스틴 푸엔테스^Agustin Fuentes^는 자신의 저서인 『크리에이티브』[22]에서 모든 생물에게 있는 '유전자 유전' 외에도 인간에게는 '상징 유전^symbolic inheritance^' 혹은 '사회 전통'이라는 고유한 능력이 있다고 말한다. 그것을 통해 "생활 방식과 신체 활용 방식에 영향을 미치는 관념, 기호, 지각 등이 전달"된다. 그것은 또한 "구성원이 공유하는 창의력의 한 부분"이며, "집단의 사회적 삶을 구성하는 한 요소로, 일종의 사회적 학습을 통해 전파"된다. 푸엔테스는 이 능력을 '창의적 협력이라는 특별한 능력'이라고 칭하기도 한다. 창의성을 개인의 능력으로 보기보다 공동체 구성원들의 협력과 의사소통을 통해 발현하고 이어가는 특성으로 보겠다는 것이다. 창의적 결과는 그것이 처음 발화한 곳에서 출발해 시공간을 넘어 공동체 전체와 공유된다. 창의적 협력은 다른 종에서 찾아볼 수 없는 인간 종만의 특수성이다.

만일 종의 기억(유전자)이나 개인 기억에만 의존했다면, 창의적 결

---

22 아구스틴 푸엔테스, 『크리에이티브: 무엇이 인간을 예외적 동물로 만들었는가』, 박혜원 역, 추수밭, 2018.

과는 일회적인 것으로 머물거나 쉽게 망각되었을 것이다. 어려운 발견과 발명이 일단 한번 성공했다고 치자. 하지만 그 일을 해낸 당사자가 죽으면 어떻게 될까? 그 지식과 기술이 희귀한 것일수록 지상에서 영원히 사라질 가능성이 높다. 하지만 인간은 어떤 식으로 진행하는가? 일단 어떤 결과물이 나온 다음에는, 그것을 동료들과 공유하고 나아가 개량한다. 푸엔테스는 말한다.

공동체 안에서 그런 혁신을 유지하고 시간을 건너 전하기 위해서는 개인이 먼저 창의력을 발휘하고, 다음으로 집단이나 공동체가 광범위하게 협력해 처음의 창의력을 강화하는 과정이 있어야 한다. 이런 종류의 도구 제작 과정은 각 세대가 따로 시행착오를 거쳐 개발하거나 누구 한 사람이 혼자 고안해 낼 수 있는 기술이 아니라, 한번 연마되면 공동체 안에서 유지·강화되는 기술이다.

낚시 도구의 발전을 통해 인류가 창의성을 축적해 온 과정을 돌이켜 보자.[23] 몇몇 유인원도 실과 고리가 있으면 물속에서 먹을 것을 낚을 수 있다. 고리에 먹이를 달고 실의 장력을 이용하면 물고기가 먹이를 무는 순간을 알 수 있다. 하지만 여기까지다. 그런데 인간은

23 푸엔테스, 같은 책, 380~381쪽, 404~405쪽.

그 단계에서 멈추지 않고, 누군가는 그 고리를 손봐서 기능을 개량한다. 미늘을 달기도 하고 먹이와 비슷한 가짜 미끼를 달기도 한다. 다른 동물들도 어느 정도 불가역적으로 축적하지만, 인간처럼 "발견을 조합하고 혁신하고 협력하고 정보를 전달하는 능력"은 없다. 인류만이 뇌와 손, 그리고 초고도의 협력 덕분에, 훨씬 광범위한 방식으로 세상을 조작할 수 있었다. 이 과정은 집단 안에서 어느 정도 불가역적으로 광범위하게 일어나며, 학습을 통해 공동체 전체로 전파된다. 그것이 '문화' 혹은 '문명'이요, '외부화한 상징' 혹은 '사회 기억'이며, 바로 공동 뇌다.

이 점에서 '개인 창의성' 과는 별도로 '집단 창의성'을 말할 수 있다. 아니, 창의성이라는 것은 근본적으로 '집단' 수준에서 성립한다. 왜냐하면 창의성이라는 것이 집단을 통해 보존·개선·전승된다는 견고한 특성을 갖지 못한다면, 그것은 너무도 쉽게 사라져 버리는 허깨비와 같은 것일 테니 말이다. 이 점은 푸엔테스도 다음과 같이 잘 통찰한 바 있다.

창의력은 개인적인 동시에 집단적인 활동이다. 이 두 측면을 효과적으로 섞어내는 능력은 인류를 성공으로 이끈다. 자신의 잠재력을 실현하고자 할 때 우리는 다른 사람들과 협력해야 할 필요성을 인정해야만 한다. … 공동체 안에서 태어난 순간부터 연령과 젠더를 불문하고 다른

성원들과 협력하는 것이 우리의 패턴이다. 이 패턴은 혁신, 공유와 가르침, 갈등과 도전, 소통과 복잡성으로 이루어지고 실패도 포함된다.

이처럼 개체군의 수준에서 존재하는 집단 지능 혹은 공동 기억, 즉 공동 뇌야말로 인간의 고유함이다. 그렇다면 관건은 이것을 어떻게 증식시키느냐 하는 점이다. 나아가 원자적 개인주의를 극복하고 다시 공동주의를 회복하는 일이 현시대의 숙제이기도 하다.

인간은 창의적인 공동 존재

기억은 개인 현상일 뿐 아니라 집단 현상이다. 초기 인류는 비교적 적은 개체 수로 이루어진 집단이었지만, 시간이 흐르면서 개별 집단의 크기도 커졌고 집단 간 관계도 다양해졌다. 최신 연구에 따르면, 인류는 약 3,000년 전부터 기억을 집단에 저장함으로써 에너지 다소비 기관인 뇌의 용량을 줄여왔다.[24] 인류의 뇌 용량은 약 210만

24 조홍섭, 「인류, 3천 년 전부터 '정보의 외장화'로 뇌 용량 줄였다」, 《한겨레》, 2021년 10월 25일. https://url.kr/d64lgj. Jeremy M. DeSilva, James F. A. Traniello, Alexander G. Claxton and Luke D. Fannin (2021), "When and Why Did Human Brains Decrease in Size? A New Change-Point Analysis and Insights From Brain Evolution in Ants," *Frontiers in Ecology and Evolution*, 22 October 2021. DOI: 10.3389/fevo.2021.742639. 보도자료: "When and why did human brains decrease in size 3,000 years ago? Ants may hold clues", https://phys.org/. 2021년 10월 22일. 또한 브루스 후드, 조은영 역, 『뇌는 작아지고 싶어 한다』, 알에이치코리아, 2021.

년 전부터 급격히 팽창하다가 약 3,000년 전부터 그 전까지 진행되었던 증가 추세보다 거의 50배나 빠른 속도로 축소되었다. 후속 연구가 이어지겠지만, 두개골 조사를 통한 이런 증거도 인간 지능은 개체 지능이 아닌 집단 지능 혹은 공동 지능co-intelligence이라는 사실을 뒷받침한다.[25] 뇌의 축소라는 미스터리에 대한 중요한 답변으로 등장한 것이 '집단 지능collective intelligence으로의 기억의 외장화externalization'다. 특히 이 가설은 인간에게서만 발견되는 예외적인 창의성이 집단의 협력을 통해 발전했다는 인류학적 주장을 뒷받침해 준다.[26]

공동 지능이라는 특징은 호모사피엔스뿐 아니라 모든 사람속Homo genus, hominin의 공통된 특징으로 볼 수 있다. 넷플릭스 오리지널 다큐멘터리 〈언노운: 뼈 동굴Unknown: Cave of Bones〉(2023)[27]은 2013년 남아공 요하네스버그 인근의 라이징스타 동굴에서 발견된 사람속인 '호모날레디Homo naledi'[28]에 대한 흥미로운 사실을 담고 있다. 호모날레디는 외관상 호모에렉투스, 호모하빌리스, 호모루돌펜시스 등 원시인류와

25 한국에서 '집단 지성'으로 번역되는 피에르 레비(Pierre Levy)의 집단 지능(intelligence collective)은 사이버 공간을 중심으로 형성되는 현상을 언급하고 있다는 점에서 나의 주장과 차별된다.
26 푸엔테스, 같은 책. 마크 버트니스, 『문명의 자연사: 협력과 경쟁, 진화의 역사』, 조은영 역, 까치, 2021.
27 마크 마누치(Mark Mannucci) 감독의 작품.
28 송경은, '원시 인류 호모날레디, 현생 인류와 공존했다?', 《동아사이언스》, 2017.5.11. https://www.dongascience.com/news.php?idx=18038

비슷하고, 이보다 훨씬 뒤에 나타난 네안데르탈인, 데니소바인, 호모사피엔스와도 비슷하다. 최근 연구에 따르면, 호모날레디는 약 20만~30만 년 전에 살았던 것으로 추정되어 현생 인류인 호모사피엔스와 일부 공존했을 가능성도 높은 것으로 알려졌다.[29]

다큐멘터리 〈언노운: 뼈 동굴〉에는 앞에서 보았던 인류학자 푸엔테스가 등장한다. 호모날레디에 대한 그의 언급을 직접 들어보자.

호모날레디는 사람속에 속합니다. 지난 250만 년 동안 사람속에는 수많은 구성원이 탄생했습니다. 호모사피엔스인 우리를 포함해서요. 사람속은 지구상에서 유일하게 돌덩이를 관찰할 수 있었고, 돌을 집어서 바라보며 이 돌덩이 안에 있는 석기를 알아본 속입니다. 경이로운 조작술로 돌덩이를 석기로 만들었죠. 호모날레디가 도구를 썼다는 걸 직접적으로 보여주는 확실한 증거는 전혀 없어요. 하지만 우리는 호모날레디가 도구를 썼다는 걸 압니다. 사람속의 모든 구성원은 지난 200만 년 동안 도구 사용 능력이 있었거든요. 머릿속으로 상상한 걸 실제 물

---

29 최근 연구에서는 호모날레디에 대한 연구가 오염되었을 가능성이 제기되기도 했다. 하지만 이런 주장이 현재 논의에 미치는 영향은 크지 않다. 왜냐하면 이 다큐멘터리에서 언급된 '도구 사용'과 '지식과 기술의 공유'는 여러 사람속의 공통 특징으로 인정되고 있기 때문이다. 참고: 이영완, 「25만 년 전 무덤 만든 인류, 넷플릭스 상상이었을까」, 《조선비즈》, 2024년 9월 3일. https://biz.chosun.com/science-chosun/nature-environment/2024/08/06/KD6ZVGKMEFH7BBN4T4E74EFGBE/ (최신 접속일: 2024년 9월 17일)

건으로 만드는 능력이요. 그뿐만이 아닙니다. 도구 쓰는 법을 서로 가르쳐 주는 능력까지요. 호모날레디는 사람속의 일원이며 사람속에게는 여러 대단한 능력이 있습니다." [말을 하는 동안 자막으로 '호모하빌리스', '호모루돌펜시스', '호모에렉투스', '호모날레디', '네안데르탈인', '호모플로레시엔시스', '호모사피엔스'가 차례로 흐른다.][30]

여기서 흥미로운 점 두 가지를 주목할 수 있다. 하나는 새로운 발상을 물질 형태로 구현하는 능력, 곧 창의력과 조형력이다. 다른 하나는 새로운 발견이나 발명을 서로 가르쳐 주어 전수하는 능력, 곧 공동 지능이다. 호모 날레디에게서 분명하게 확인되는 이 두 가지 특징은, 추정컨대 아직 유물 증거를 찾지 못한 다른 사람속에게도 공통된 특징으로 볼 수 있을 법하다.

공동 뇌의 이런 측면은 정보나 지식의 저장과 인출이 '기호sign' 수준에서 이루어진다는 점과도 관련된다. 여기서 말하는 기호는 좁은 의미의 자연어나 언어에 한정되지 않고 확장된 소통과 협력의 미디어(매체) 전반, 확장된 언어를 가리킨다. 가령 종교 상징, 도상, 수학, 자연과학, 예술, 암송, 암묵지, 리듬, 요리, 기법technique, 재주(기술)skill 같은 것이 모두 기호다. 요컨대, 기호 혹은 넓은 의미의 언어란 문명

---

30 〈언노운: 뼈 동굴〉 31분 19초 이하.

과 동의어다.

집단 기억 또는 공동 뇌에서 학습은 필수다. 현재 구성원이 상징을 통해 선대부터 전수된 기억을 반복할 수 있어야 하기 때문이다. 신화와 구전을 비롯해 지식과 노하우도 집단 기억에 등록되고, 저장되고, 인출되기를 반복한다. 집단 기억은 인간이 진화적 탄생 순간부터 '개인'이 아니었다는 점을 보여준다. 나아가 생명을 고려할 때 개별 생물보다 생태계를 우선시해야 하는 것과 마찬가지로 인간의 단위를 '집단' 또는 '공동체'로 놓아야 한다는 점을 일깨워 준다. 이에 대한 고찰은 원자적 개인주의를 극복하고 집단이나 공동체를 올바로 자리매김하는 데 기여할 수 있을 것이며, 이를 통해 뉴노멀 시대에 인류가 살아갈 방향성의 논거를 확보할 수 있을 것이다.[31]

인공지능은 석기를 만들지 못한다. 몸도, 개체도, 집단도 없기 때문이다. 인간의 가장 큰 특징은 창의적인 공동 존재라는 점에서 찾을 수 있다. 이는 사람속이 공유하는 특징처럼 보인다. 약 35만 년 전에 출현한 것으로 보이는 현생 인류 호모사피엔스는 구석기시대와 현

---

31 나는 이 주제와 관련해 '공동주의(commonism)'를 발전시키고 있다. 공동주의란 인류가 기본으로 누려야 할 '공동의 몫' 혹은 '공동의 권리'에 대한 이론이며, 인류의 '공통성'과 '공동성'을 전제한다. 관련된 주제로 '공산주의', '공동체주의', '공화주의', '커먼즈' 같은 것이 있다. 선행 논의로 김재인, 『뉴노멀의 철학: 대전환의 시대를 구축할 사상적 토대』, 동아시아, 2020, 3장 및 김재인, 「공동주의를 향해: 뉴노멀 시대에 행성적 거버넌스를 모색하다」, in 백혜진 외, 『호모 퍼블리쿠스와 PR의 미래』, 한울, 2022 참조.

대 사이에 유전적으로 변한 것이 없다. 하지만 호모사피엔스는 공동 뇌의 형태로 문명을 건설하며 자신의 외연을 확장했다. 인간 정체성의 본류에 기억이 있다면, 인간은 기억을 확장하며 전수한다는 특징이 있다. 말하자면 인간은 자기 정체성을 스스로 만든다. 인공지능이라는 기계 괴물과 융합해 살아가야 할 새로운 시대가 도래했다 하더라도 이 특징은 변치 않을 것이다.

인간은 에덴동산이나 노스탤지어를 꿈꾸는 고정된 정체성을 지닌 존재가 아니다. 늘 변하면서 미래를 개척하는 존재다. 모험과 창조가 인간의 정체성이다. 그것이 어떤 모습일지는 실제 되어보기 전까지 알 수 없다. 그러나 위험을 무릅쓰고 거듭 도전하는 그 습성이야말로 본연의 인간다움일 것이다.

기호와 추상 능력

방금 전에 인간이 기호를 활용한다는 점을 살펴보았다. 기호란 다른 무언가를 가리키는 것이다. 가령, 연기는 화재를 가리키는 기호다. 기호가 작동하려면 두 가지가 필요하다. 우선 기호 사용자 간에 약속約束이 있어야 한다. 그것을 '코드code'라고 한다. 코드를 번역한 말로 '약호略號'를 쓰지만 더 깊은 수준에서 '약호約號'다. 공동체 구성원 간에 약속이 없다면 가리키는 대상이 고정되지 못한다. 약속은 개인 수준에서도 가능하지만,[32] 집단 구성원 사이에서 더 큰 의미가 있다.

그것은 집단을 결속結束하기 때문이다. 또 하나는 추상적인 기호를 해독할 수 있는 고도의 지적 능력이다.[33] 특히, 찰스 샌더스 퍼스Charles Sanders Peirce가 구분한 '도상'과 '지표'는 대상과의 관계를 얼마간 유지하는 데 비해, '상징'은 대상과의 자의적 관계를 전제한다는 점에서, 가장 추상적인 기호는 '상징'이라고 볼 수 있다.

인간에게 추상 능력이 언제 탑재되기 시작했는지는 고고학적 유물을 통해서만 겨우 짐작할 수 있다. 적어도 우리가 확인할 수 있는 것은 집단이나 공동체 속에서 기억과 추상 능력이 유지·강화되었다는 점이다. 한번 추상에 성공했다 하더라도 기억하지 못하면 말짱 도루묵인데, 앞서 앙드레 르루아구랑이 잘 보여준 것처럼(2장 5절), 그리고 아구스틴 푸엔테스가 최근에 확인해 준 것처럼(2장 4절), 기억은 생물학 수준을 넘어 문화(집단, 공동체) 수준에서 보존되고 강화되고 누적되고 전승되었다.[34]

놀라운 점은 인간이 처음에 '추상적' 기호를 사용했고 나중에야 '구상적figurative' 묘사(벽화, 그림, 장식 등)로 이행했다는 점이다. 구상

---

32 나 혼자 '이게(x) 저걸(y) 가리킨다'고 정해놓은 암호문. 하지만 개인은 쉽게 망각한다.

33 찰스 샌더스 퍼스는 기호를 '도상(icon)', '지표(index)', '상징(symbol)' 세 종류로 구분하며, 들뢰즈는 이미지론을 다룬 『영화1. 운동-이미지』(1983)와 『영화2. 시간-이미지』(1985)에서 이 구분을 적극 수용한다.

34 이와 관련해 나의 논문 두 편을 참고할 수 있다. 「인공지능 시대 창의성 개념의 재고찰」(2021.10) ; 「들뢰즈와 과타리의 철학에서 앙드레 르루아구랑의 '손놀림과 말'의 역할」(2021.04). 물론 이 내용은 『AI 빅뱅』에서 잘 활용해 발전시켰다.

[그림 8] MNIST Dataset. 손으로 쓴 숫자들로 이루어진 대형 데이터베이스이며, 다양한 화상 처리 시스템을 트레이닝하기 위해 일반적으로 사용된다.

이 추상 능력에 후행한다는 사실도 놀랍지만, 추상적 기호 능력이 최초의 인간과 동반했다는 점은 더욱 놀랍다. 인간을 인간으로 만든 핵심 능력이 바로 추상 능력이다.

추상적 상징의 최초 형태는 '문자'와 '숫자' 상징이다. 이들 상징이 성립하려면, 비슷한 것을 같은 것으로 동일시할 수 있어야 한다. [그림 8]의 MNIST Dataset에 있는 각 숫자는 서로 다르다. 숫자를 숫자로 인식하려면 가로줄에 있는 상징들이 모두 같은 숫자를 지칭한다고 알아채야 한다. 이는 플라톤이 '형상' 혹은 '이데아'를 떠올린 과정과 같다. 세상에는 정확히 같은 것은 없고 단지 비슷한 것들밖에 없지만, 비슷한 것들을 정확히 같은 것(이데아)으로 여길 능력이 있어야 한다. 플라톤은 유클리드기하학의 세계를 모델로 삼았는데, 사실 모든 추상에는 비슷한 절차가 동원된다. 즉, 문자와 숫자의 성립도 이데아의 성립과 나란히 간다.[35] 가설이지만, 이 점에서 플라톤의 이데아론은 '문자'의 성립을 겨냥했을 수도 있다. 이 경우 플라톤은 음성 역시도 문자의 성립과 같은 추상 과정을 거쳐야 한다는 점을 자각하지 못했을지도 모른다는 또 다른 가설이 뒤따른다.

음성과 문자는 어떤 점에서 유사한가? 문자의 여러 변이체가 같은 문자를 지칭하는 것과 마찬가지로 음성의 여러 변이체도 같은 음소를 지칭한다는 점이 성립하지 않으면 음성 언어 체계도 성립할 수 없다. 이 문제를 명시적으로 논한 사람은, 내가 알기로는, 페르디낭 드 소쉬르Ferdinand de Saussure다. 소쉬르는 『일반언어학 강의Cours de Linguistique Générale』(1916)[36]에서 수많은 개인의 개별적 발화인 파롤parole과 구분해, 다양한 파롤의 사회적이고 체계적인 측면인 랑그langue를 언어학의 연구 대상으로 삼았다. 바로 이 랑그가 비슷한 것들인 파롤에서 정확히 같은 것의 측면을 가리키니, 그야말로 플라톤이 이데아를 떠올렸을 때의 착상과 같아 보인다.

흥미로운 것은 딥러닝도 이런 추상 작용을 행한다는 점이다. 딥

---

35 플라톤의 철학에 대해서는 『인공지능의 시대, 인간을 다시 묻다』 5장과 『생각의 싸움』 3장 8절을 참조.
36 페르디낭 드 소쉬르, 『일반언어학 강의』, 최승언 역, 민음사, 1995.

러닝은 많은 데이터로부터 일정한 패턴을 찾는다. 뇌와 딥러닝의 차이라면, 뇌는 이 일을 무척 값싸고 쉽게 처리하는 반면 딥러닝에는 엄청난 자원이 소모된다는 점이다. 자원의 문제는 지금도 앞으로도 중요하지만, 이 문제도 생략하고 가겠다. 아무튼 뇌는 매우 효율적인 추상 기계이며, 추상 능력은 무엇보다 사람속에서 두드러진다. 르루아구랑의 주장처럼, 직립보행, 두개골 변형, 후두 개방, 손의 해방 등이 동시에 맞물리는 이 과정에서 어떤 기적이 발생했는지 더 살펴봐야 한다.

5. 창의력은 개인의 것인가?

창의성 연구를 주도한 사람들은 미국의 심리학자들이다. 장재윤의 『창의성의 심리학』[37]은 창의성 연구의 동향과 역사를 잘 보여준다.[38] 이런 풍토 속에서도 주목할 만한 연구가 두 가지 있는데, 하나는 다음 절에서 살필 칙센트미하이고, 다른 하나는 교육심리학자 김경희다.[39] 김경희는 '교육'의 관점에서 '창의력 creativity'을 기르는 방법을 제안한다. 그가 creativity를 '창의성'이 아니라 '창의력'이라고 옮

37 장재윤, 『창의성의 심리학』, 아카넷, 2024.

긴 까닭은, 그것이 교육을 통해 충분히 발달시킬 수 있는 '능력'이라고 파악했기 때문이다.

김경희는 경상북도 군위군에서 태어나고 자라 대구에서 시집살이를 한 이력이 있다. 주지하듯 이 지역은 수구적인 유교주의의 본산이므로 온갖 여성 차별을 겪었으며, 그녀는 차별을 피해 미국으로 이주한 뒤 박사 학위를 받고 교수 생활을 했다. 책에는 쓰라린 일화가 군데군데 소개되어 있는데, 이런 경험이 '창의력' 연구를 이끈 동력이기도 하다. 하지만 이런 경험은 그의 연구에 일정한 편향을 유발한 것으로 보이며, 이런 유교주의에 대한 반동으로 유대 교육을 핑크빛

38 내가 접근하는 방향과 사뭇 다른, 미국 심리학의 몇 가지 특징을 보면 다음과 같다. 이론을 소개하는 경우 개념을 정의할 때 철학에서와 같은 엄밀성이 떨어진다. 그렇다고 과학적이라고 여겨지지도 않는다. 대부분 미국의 이론이 주를 이루는데, 미국 학문의 특징인 얄팍함이 눈에 거슬린다. 한 가지 예를 들면 예술(사)에 대한 이해의 깊이가 무척 얕다. 예술을 신비주의의 일종인 것처럼 취급하는 경향이 크다. 창의성은 과거에 예술과 과학에서, 최근에 교육과 비즈니스에서 주목된다. 창의성 연구가 1990년대 이후 활발해진 까닭은 비즈니스 수요 덕분인데, 결국은 개인이 창의성을 발휘할 수 있도록 만들어, 혹은 창의적인 개인을 길러내어 돈을 벌 수 있도록 하는 것이 목표로 설정되어 있다. '심리학'의 접근이어서 그런지, 사회와 역사와 환경과 맥락을 강조한다고 할 때도 결국은 '개인'의 창의성에 초점을 맞추고 있다. 개인이 이런저런 조건을 갖추어야, 혹은 이런저런 노력을 해야, 혹은 개인을 이렇게 저렇게 도와줘야, 바로 그 개인이 세상을 깜짝 놀라게 할 만한 창의성을 발휘할 수 있다는 담론 구조다. 창의성의 측정과 평가가 왜 필요한 걸까? 누가 얼마나 더 창의적인지 평가한 후 그 사람을 써먹기 위해서(가령 기업에서)? 미리 발굴해서 교육하려고(하지만 어떻게)? 교육 효과를 측정하고, 교육 방법의 개선하기 위해? 그러나 창의성의 본질(스피노자가 말하는 '발생적 정의')이 아직 발견되지 않았고, 거기에 이르는 길이 아직 없다면? 요컨대 창의성을 교육할 방법이 없다면? 내가 전부터 주요하게 참고했던 칙센트미하이는 역시 발군이다. 헝가리계 미국인이어서 그런가? 프런티어 정신을 잃어버리고 제국으로 군림하는 미국에서 (분야를 막론하고) 어떤 유형의 학문적 성과가 나올지 궁금하다. 세상을 파괴하는 걸 무릅쓰고라도 돈 많이 벌 수 있는 창의성이 거의 전부가 아닐까 싶다.

39 김경희, 『미래의 교육』, 손성화 역, 예문아카이브, 2019.

으로 평가하는 것 같다.

김경희는 동양 학생들이 '틀에 박힌 시험 답안지처럼 틀에 박힌 생각을 하도록 교육받음'으로써 결국 '인간 분재'로 전락하는 현실을 비판하면서도, 미국 역시 그 길을 가고 있다고 탄식한다. 미국의 장점이었던 '창의력 교육'을 망각하고 있다는 것이다. 그렇다면 창의력이란 무엇인가?

김경희에 따르면, "창의력은 유용하면서 독특한 것을 만들거나 행하는 과정이다. 이 과정이 창의적 성공인 혁신innovation으로 이어질 수 있는데, 혁신은 예술, 과학, 수학, 공학, 의학, 사업, 리더십, 육아, 교육, 스포츠 등 모든 분야에서 생길 수 있다". 더 나아가 혁신은 '창의적 풍토Climate'를 조성하고, '창의적 태도Attitude'를 기르고, '창의적 사고Thinking skill'를 창의 과정에 적용하는 3단계로 이루어져 있다. 대부분의 연구자와 달리 김경희는 창작물이나 창작자보다 '창의적 풍토'가 더 중요하다고 강조한다. 풍토는 부모와 교육자가 손쓸 여지가 많기 때문이다. 그리고 '환경'이라는 용어 대신 '풍토'를 사용한 이유는 다음과 같다. "풍토는 개인에게 영향을 미치는 인간관계, 장소, 시간 등 물리적 그리고 심리적 환경 및 상태를 모두 아우른다. 풍토는 개인의 정서적·심리적 건강을 촉진하는 창의적 잠재력을 살리는 것을 비롯해 개인이 어떻게 생각하고 행동하는지에도 영향을 미친다. 또 최종 창작물에 대한 다른 사람들의 의견이나 평가도 풍토에 포함되는데, 이를 통해 창작물의 가치 여부가 결정된다. 사회가 그 창작물을 인정하고 가치 있다고 여길 때에만 그것이 '혁신'으로 간주된다." 요컨대 개인보다 풍토가 창의력에 더 중요한 영향을 미친다.

하지만 정작 본론에 이르면 '풍토'에 대한 강조는 개인의 '태도'라는 물결에 휩쓸리며 희석되고 만다. 그가 창의력을 발휘한 대문자 혁신의 사례로 기업가 스티브 잡스, 인권 운동가 넬슨 만델라, 과학자 알베르트 아인슈타인, 미술가 조지아 오키프라는 네 명의 인물을 자세히 분석하는 지점에서 개인의 태도에 대한 강조는 정점에 이른다. 그가 '틀안Inbox · 틀밖Outbox · 새틀Newbox 사고력'이라고 명명한 ION 사고력에 대해 진술한 다음 언급에서 개인 태도의 역할은 절정에 이른다.

틀안 사고력은 범위가 한정된 틀 안에서 심도 있게 오랫동안 집중해서 지식·기술을 얻거나 평가하는 것이다. 틀밖 상상력은 그 틀을 초월해서 한곳에 집중하지 않고 광범위하게 여러 가지 가능성을 즉흥적으로 상상하는 것이다. 새틀 통합력은 틀안 사고력과 틀밖 상상력의 여러 요소를 결합해서 새로운 과정이나 새로운 틀로 통합하는 것이다. 이 ION 사고력이 혁신을 이루기 위한 창의 과정에 필수 조건이다. 즉, 혁신가는 틀안에서 깊은 전문성을 달성하고, 그다음에는 틀밖에서 넓게 여러 가지 착상들을 하고, 나중에 그 착상들을 다시 틀안에서 평가한 다음 서로 무관했던 착상들을 새틀로 결합한다. 그러고 나서 결합된 착상을 정교화와 간결화라는 두 과정을 통해서 정제하면서 점차 유용하면서도 독특한 창작물로 만든다. 이 창작물의 유용성과 독특성을 대중에게 성공적으로 홍보하면 그때서야 혁신으로 인정받게 된다.

이 서술에 따르면 ION 사고력을 발휘하는 것은 결국 개인인 셈이다. 이는 미국의 '창의성/창의력' 연구가 대체로 개인을 강조하는 데로 귀결된다는 앞의 분석과도 일맥상통한다.

다만 김경희의 주장은 전문가의 협업도 일부 강조하고 있다는 점에서 나의 주장을 지지한다. 그는 혁신이 성공하려면 '자가수분'이 아니라 '교차수분'이 유리하다고 주장한다. 교차수분은 자기 꽃의 수술에서 꽃가루를 가져와 암술에 수분하는 자가수분과 달리 다른 꽃의 수술에서 꽃가루를 가져와 수분한다. 마찬가지로 "독창적인 착상을 만들어 내는 혁신가의 착상 창출력 단계에서도 전문성 교류 착상은 매우 중요하다. 전문성 교류 착상은 다른 전문가들과 다양한 지식, 기술, 경험을 같이 나누고, 만들어 내고, 결합하고, 조정하고, 확장한다". 이 점은 브레인스토밍이 낮은 효과를 낳는 반면, 전문성 교류 착상은 효과가 높다는 점에서도 확인된다. 연구에 따르면, 전문성 교류 착상은 "가벼운 만남, 전문가 모임, 자문 상대, 협업, 선의의 경쟁 등과 같이 오랜 시간에 걸쳐 이뤄지는 공식적이거나 비공식적인 상호작용을 통해서" 나오며, 개인 착상을 최대한 진행한 후 이루어지면 집단 사고가 개인 사고에 미치는 영향이 덜하기 때문에 더 독창적인 착상이 나온다. "이미 한 분야에 전문성을 가진 전문가들과 전문성 교류 착상을 할 때 가장 효과적으로 서로의 착상이나 창작물을 개선할 수 있다. 이는 다른 전문가의 지식·기술 및 경험에서 나온 지름길과 같은 방법을 접할 수 있고, 다른 전문성으로부터 새로운 것을 보거나 깨달은 통찰력으로 자신의 전문성과 결합할 수 있기 때문이다."

그러나 아쉽게도 김경희가 전문가의 협업을 강조하는 정도는 전체 전략의 8분의 1에 지나지 않는다. 반면 나는 전문가의 협업이야말로 핵심이라고 주장한다. 개인을 육성하는 일이 중요하지 않다는 뜻이 아니라, 협업이 발생할 수 있는 객관적 조건과 과정을 만드는 것이 너 강조되어야 한다. 이런 경고를 반복하지 않으면 개인주의의 굴레에 거듭 갇히고 마는 것이 현재의 이론 지형이다.

개인을 강조하는 예를 하나만 더 들자면, 김경희는 교차수분과 전문성 교류 착상을 강조하면서도 이렇게 주장한다. "상상력을 확대하려면 여러 가지 방대한 자료를 쉽게 바로 꺼낼 수 있도록 전문 지식·기술을 가득 담은 저장소가 머릿속에 있어야 한다. 틀밖 상상력은 광각렌즈처럼 작동해서 혁신가가 문제나 기회를 폭넓은 시야로 바라보면서 여러 가지 독창적인 수많은 해법을 상상하도록 돕는다. … 전문성 교류 착상을 더 효과적으로 하려면 남에게 항상 배우려는 개방적 태도, 멘토를 얻는 태도, 수완적 태도가 필요하다." 저장소는 개인의 머리고, 상상은 개인의 머리에서 일어나며, 태도는 개인의 태도다.

이런 접근의 유래를 찾는 것은 쉽지 않지만, 그중 하나로 들뢰즈가 데카르트의 '방법'을 비판하는 대목에 주목할 수 있다. 들뢰즈는 '생각에 대한 독단적 상image dogmatique de la penseé'을 비판하는데, 그 대표 주자는 데카르트다. 이런 상은 세 가지 특징으로 요약된다.

첫째, '생각의 올바른 본성, 보편적으로 할당된 양식le'으로 인해 생각은 '참le vrai' 혹은 '진실vérité'과 자연스러운 관계를 갖는다. 생각은 자연스레 진실을 추구하며 진실에 도달한다. 둘째, 우리가 진실에 도달하지 못한다면, 그것은 생각에 낯선 여러 힘(몸, 정념, 감각적 관심) 때문이며, 이런 힘 때문에 생각은 '오류'에 빠져든다. 셋째, 따라서 참되게 생각하기 위해서는 '방법'이 있기만 하면 된다. 방법을 통해 우리는 오류를 몰아낸다.[40]

여기에서 중요한 것은 '방법'이라는 착상이다. 이 말의 어원은 '길rhodos'과 '나중meta'으로 분해될 수 있다. 즉, 방법이란 길이 이미

---

40 김재인, 「들뢰즈: 생각에 대한 새로운 상과 예술가적 배움」, 『이성과 반이성의 계보학』, 철학아카데미 지음, 동녘, 2021, 325쪽.

있고 그걸 따라간다는 뜻이다. 하지만 길이 이미 있는 걸까? 창의성/창의력을 계발할 방법이 이미 있는 걸까? 오히려 그것은 온갖 실험의 결과로 나중에 오고, 나중에 확인하게 되는 것이 아닐까? 그동안 창의성에 대한 연구가 별다른 실천적 결과를 낳지 못한 것은 발상이 애초부터 잘못되었기 때문이 아닐까? 즉, 커다란 혁신이 천재를 통해 도둑처럼 닥치는 듯이 보이는 데는 다 이유가 있는 게 아닐까?

6. 창의적이고 협력적인 인간이라는 종

칙센트미하이와 창의성

창의성의 본질이 무엇인지 밝히는 일보다 창의성이 발현힐 수 있는 조건과 토양을 구축하는 일이 더 중요하다. 창의성은 결국 결과물 또는 생산물을 통해 비로소 확인되기 때문이다. 입력 단계에서 아무리 창의성을 빚어내려 했다 해도 출력 단계에서 고만고만한 결과를 본다면 아무도 그 시도를 높이 사지 않을 것이다. 창의성의 유무는 결과로 승부할 수밖에 없다. 따라서 창의성의 본질을 밝히려는 노력은 창의적 결과를 낳기 위한 토양의 성격을 밝히는 일과 병행해야 보람 있는 결론을 도출할 수 있을 것이다.

심리학자이자 교육학자인 미하이 칙센트미하이^{Mihaly Csikszen-}

tmihalyi,1934~2021 는 창의성의 원천을 개인의 심리 및 재능과 관련해 고찰하는 것을 넘어 사회적·문화적 요인까지 고려해야 한다는 '시스템 관점'을 제시한 것으로 유명하다.[41] 창의성의 시스템 관점은 다음 도식으로 요약된다.[42]

각 시스템은 다음 그림과 같은 식으로 서로 맞물리며 작동한다. 먼저 우리는 '영역domain'에서 출발한다. 영역을 흔히 '문화culture'라고 부르는데, 가령 수학, 음악, 회화 등은 각각 영역이며, 수학을 더 세분한 대수, 집합론, 미적분 같은 것도 영역이다. 각 영역은 보존할 만한 정보를 다음 세대로 전달한다. '개인individual'은 이렇게 전수된 문화 유산을 자양분으로 삼는다. 개인은 유의미한 변이를 산출하며, 다음 세대에 새로운 정보를 덧붙이며 전달한다. 개인이 낳은 변화가 유의미한지 검증하는 곳이 '현장field'이다. 현장은 일종의 문지기 역할을 하는 전문가들로 구성되는데, 미래 세대에 전할 가치가 있는 아이디어나 창작물을 걸러낸다. 이런 맥락에서 '창의성'은 영역에 추가될 만한 새로움을 산출하는 개인 작업과 직결된다. 하지만 세 시스템이 서로 엮여서 작동하기 때문에 창의성의 발현에서 개인은 필요조건일 뿐 충분조건일 수 없다.

---

41 자세한 논의는 『AI 빅뱅』, 185~192쪽의 논의를 참조. 여기서는 이 내용을 간추리며 논의를 가다듬었다.
42 Csikszentmihalyi, 1995, p. 315.

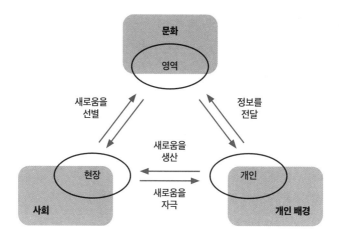

[그림 9] 칙센트미하이가 제시한 창의성의 시스템 관점

창의성의 발현과 관련해 '개인'을 넘어서 '문화'와 '사회'에 주목했다는 점에서 칙센트미하이의 관점은 혁신적이다. 하지만 그가 '몰입flow'을 강조하는 데 이르면 다시 개인의 역할을 강조하는 듯한 인상을 남긴다. 몰입하는 건 바로 개인이기 때문이다. 그러니 칙센트미하이로부터는 시스템 관점을 도입했다는 점까지만 배우고 시야를 확장해 가는 것이 필요하다.

가브리엘 타르드가 보여주는 '모방'과 '발명'의 조화

공동 뇌의 과정에서 분명한 것 하나는, 한 명의 천재를 길러낸 천재 집단의 역할이다. 낭만주의 미학과 예술은 '창조, 천재, 영감, 자유,

독창성, 상상력' 등에 찬사를 보냈다.[43] 오늘날 천재적 개인에 대한 미신과 신화는 많이 사그라들었지만, 그렇다고 이에 대한 지나친 폄하는 온당치 않아 보인다. 낭만주의가 열광한 저 특징들은 인간의 중요한 역량 하나를 확인한 것에 대한 놀라움과 신기함의 표출이었을 것이다. 개인을 너무 강조하면 보통 사람의 역할이 축소되리라는 이른바 '반민주적' 경향을 우려할 수는 있겠으나, 천재적 개인의 역할을 얼마간은 인정해야 마땅하다.

이 점은 미시사회학의 창시자 프랑스의 가브리엘 타르드 Gabriel Tarde, 1843~1904가 잘 밝힌 바 있다. 타르드는 『모방의 법칙』[44]에서 인간 사회를 '모방'과 '발명'이라는 키워드를 통해 설명한다. 타르드는 발명과 모방을 구분한다. 발명은 무엇보다 개인의 머릿속에서 일어난다. 그래서 발명은 "개인적인 모든 창의" 혹은 "아이디어의 출현"이라고 요약된다. 먼저 생각되어야, 그다음에 모방되고 전파될 수 있다. 이런 의미에서 "모방은 강이고 발명은 [그 원류가 있는] 산이다". 달리 말하면, 발명이 미래를 열지 않으면 모방할 것도 없다. 그래서 "발명의 진보가 시간적으로 선행한다".

타르드는 발명과 더불어 '발견'이라는 용어도 사용한다. 사전적

---

43 이에 관해서는 래리 샤이너, 『예술의 발명』, 조주연 역, 바다출판사, 2023의 4부를 참조.
44 가브리엘 타르드, 『모방의 법칙』, 이상률 역, 문예출판사, 2012.

인 의미로 발명이 없던 것을 있게 만드는 활동이라면 발견은 있었지만 아직 몰랐던 것을 알게 하는 활동으로 구별할 수 있다. 하지만 '아이디어' 혹은 '관념'이 새롭게 출현한다는 맥락에서 보면 발명과 발견은 혼용할 수 있다. 어떤 발견이나 발명은 과거의 것을 "대체"한 것에 불과한 반면, 또 어떤 발견이나 발명은 "축적"될 수 있다.

모방은 발명을 뒤따른다. 물론 발명되었다고 다 모방된다고 볼 수는 없다. 어떤 발명은 소멸한다. 하지만 일단 모방이 일어나면, 설사 단 두 명 사이에서 생각의 동화작용이 발생했다 할지라도 그로부터 사회가 형성된다. 그래서 타르드는 사회는 이미 "어떤 사람이 다른 사람을 모방한 날부터 존재"했다고 말한다. 개인을 제외하면 사회적인 것에는 아무것도 남지 않는다는 타르드의 사회 명목론은 사회가 개인 마깥에 '사회적 사실'이라는 것이 있다고 주장하는 에밀 뒤르켐의 사회 실재론과 결정적인 차이를 보인다.

타르드는 사회는 개인에서 출발해 개인에서 끝난다는 전제 아래, 개인의 뇌 안의 아이디어(관념)에 주목하고 아이디어의 표현들(언어, 법, 정치, 종교, 산업, 도덕, 예술 등)에 대한 통계학을 사회학의 방법으로 제시했다. 들뢰즈가 그를 '미시사회학의 창시자'라고 칭송한 이유가 여기 있다. 이 표현에서 '미시'란 아이디어 발명의 원천으로서 개인의 뇌를 가리킨다. 들뢰즈는 뇌를 감각과 운동 사이의 미규정의 중심이라고 정의하곤 하는데, 이 미규정성 덕분에 새로움의 출현이 가능하다.

개인과 사회의 관계를 이상과 같이 이해하면 다음의 진술은 쉽게 이해된다. "발명의 법칙은 본질적으로 개인 논리에 속하며, 모방의 법칙은 부분적으로 사회 논리에 속한다." 발명은 개인의 사안이지만 모방은 사회의 사안이며, 사회학은 모방의 법칙을 발견해야 제 역할을 다할 수 있다. 새로운 아이디어는 하늘에서 떨어지는 것도 아니고 땅에서 솟아나는 것도 아니다. 그것은 기존에 누군가의 뇌에서 시작한 아이디어들의 연합과 결합에서 출현한다. 그러니 천재가 칭송받는 것은 그래야 마땅하기 때문이다. 그리고 인간은 천재를 질투하긴 해도 부정하지는 않는다. 다들 천재의 덕을 보고 있다는 걸 누구나 알고 있기 때문이다. 최종적으로 천재의 개인 뇌는 사회의 공동 뇌로 확장한다. 공동 뇌는 개인들의 뇌에서 비롯하지만, 모방을 통해 개인들의 뇌 사이에서 기능한다. 공동 뇌는 개인 뇌들의 네트워크가 건설한 기념비와도 같다.[45]

인간 = 도서관 + 학교 + 개개인

모방이 일어나는 장소는 사회, 즉 공동 뇌다. 사회는 실체가 아니

---

45 흔히 '집단 지성'이라고 부르는 현상과 '공동 뇌'를 구별할 필요가 있다. 집단 지성은 개인들이 협력해서 어떤 (긍정적인) 결론을 도출하는 과정과 그 결과물을 가리킨다. 여기에서 중심적인 역할을 하는 건 개인들이다. '공동 뇌'는 인류가 오랜 시간에 걸쳐 누적해서 성취한 지식과 기술의 총체다. 공동 뇌가 제 기능을 하려면 개인을 경유해야 하지만, 개인은 공동 뇌를 흡수하지 않고는 아예 생존할 수조차 없다.

라 기억 풀, 기억의 집합소, 공동 뇌다. 문화는 개개인의 기억이 흘러들어와 형성한 저수지와 같다. 그렇다면 이 저수지가 개개인과 독립해 존재하는 하나의 실체가 아닌 이유는 무엇일까? 저수지가 다시 개개인의 뇌로 환류하지 않으면, 이 저수지는 무효이기 때문이다. 개개인의 뇌에서 다시 현행화하고 활성화해야 비로소 작동한다는 점에서 이 저수지는 잠재태로 존재한다고 말할 수 있다.

앞서 칙센트미하이가 그린 창의성의 시스템 관점 도식을 보았는데, 이제 나는 공동 뇌의 형성과 전수를 나타내는 다른 도식을 제안한다. 첫 번째 요소는 앞의 과정을 통해 형성된 기억의 저장소가 있다. 바로 도서관이다. 아니면 과거의 유산과 유물을 다 모아놓은 곳들이다. 박물관, 과학관, 미술관 등 말이다. 두 번째 요소는 학교다. 학교는 도서관에 쌓인 유산과 유물을 후세로 재생산하는 장소다. 학교에서는 모든 기존 지식과 기술의 전수, 확산, 공유가 강화된다. 마지막 세 번째 요소는 자유로운 개개인이다. 새로운 것을 발견하고 발명하려는 호기심 많고 특출나고 엉뚱한 개인들 말이다. 개개인은 일탈하고 도주하고 실험하고 창조한다. 그중 몇몇 성취는 다시 도서관에 모인다. 이처럼 집단으로서의 인간이란 도서관, 학교, 개개인이 협업하는 회로와 다르지 않다. 그래서 도서관-학교-개개인 사이에는 이런 일들이 일어난다. (1) 기억 공동체: 개개인은 도서관에 축적된 기억을 학교에서 학습하며, 스스로 기억 공동체의 일부가 된다. (2)

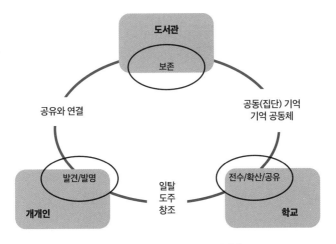

[그림 10] 인간 = 도서관 + 학교 + 개개인.

공유와 연결: 개인의 성취를 집단이 공유하고 후대에 전수한다. (3) 일탈, 도주, 창조: 어떤 일탈적 개인이 습득한 것을 넘어서 우연히 새로운 발견 혹은 발명을 이루어 낸다.

인간이란 도서관과 학교와 개개인의 합이다. 한편으로 우리는 인류가 함께 형성한 공동 뇌에 의존하고 있고 그것을 바탕으로 살아간다. 다른 한편으로 우리는 힘을 합쳐 공동 뇌를 조금씩 확장하고 개선한다. 누구나 다 이 작업에 종사한다고 말할 필요는 없다. 최소한 몇몇은 확장하고 보태어 점점 공동 기억의 덩치를 키운다. 대다수는 공동 뇌를 지탱하는 역할을 한다. '거인들의 어깨'를 튼튼하게 하는 것은 대다수 인간이다. 이런 일들을 하면서 인간은 함께 살아가고 있다.

7. 공동 뇌와 불평등 분배 문제

최근에는 정보 통신 기술 분야의 창업자나 경영자를 중심으로 천재적 개인의 신화가 퍼져 있다. 몇 명만 예를 들면 빌 게이츠, 스티브 잡스, 제프 베이조스, 세르게이 브린과 래리 페이지, 데미스 하사비스, 샘 올트먼 등이 그들이다. 하지만 이 문제를 공동 뇌라는 시각에서 점검할 필요가 있다.

옥스팜OXFAM의 최근 '불평등 보고서'인 『슈퍼 리치의 생존』(2023)에 따르면, 코로나 기간 중인 2020~2021년 동안 1퍼센트 인구가 새롭게 창출된 전 세계 부의 63퍼센트를 획득했다.[46] 그 후로도 인공지능의 눈부신 발전으로 부의 양극화는 더 심화되고 있다. 이런 비정상적 상황이 정상이 되었으니, 천재적 개인에 대한 경탄은 분명 이유가 없어 보이지 않는다. 하지만 이는 탐욕에서 출발한 착시에 불과하다. 중요한 건 항상 집단이(었)다. 누누이 강조한 바다. 이제 다시 인류의 고유함으로 돌아가야 한다.

창의가 확산하는 방식

현대의 '천재'는 전체 인류가 진화와 역사의 시간 동안 이룩한 성

---

46 https://www.oxfam.or.kr/resources_survival-of-the-richest/

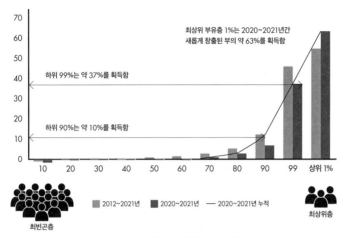

최상위 부유층 1%는 2020~2021년간
새롭게 창출된 부의 약 63%를 획득함

하위 99%는 약 37%를 획득함

하위 90%는 약 10%를 획득함

■ 2012~2021년 ■ 2020~2021년 — 2020~2021년 누적

최빈곤층

최상위층

[그림 11] 새롭게 창출된 부의 획득 비중(전체 중 %)

과를 갈취하고 있다. '지식재산권'이라는 명목으로 말이다. 그런데 과거를 돌아보면 금세 알 수 있듯이, 모든 지식과 기술은 누적하며 성장한다. 인간은 처음의 성공에 조금의 성공을 보탰고, 그런 활동을 장려했다. 세대와 세대, 집단과 집단을 가로지르는 기억과 교육이 없었다면 인류는 지금의 지위에 이르지 못했다. 이것이 '거인들의 어깨 위에 있다'는 말의 의미다. 지금의 지위가 영속되리라는 보장은 전혀 없지만, 인류는 지구 생태계를 결정적으로 교란하고 파괴할 수 있는 힘을 가진 유일한 종임은 분명하다. 여기에는 막중한 책임이 따른다. 그런데 지금처럼 '천재적 개인'을 강조하면서 '집단'의 지위와 역할을 놓친다면, 크게 실패할 수밖에 없을 것이다.

앞에서는 낚시 도구의 발전 과정을 보았다. 인간은 유인원과 달리 도구를 개량하며, 그것도 협력을 통해 이루어 낸다. 인류는 창의적이고 협력적인 종이라는 점에서 탁월하게 예외적이다. 이런 경향성은 사실 생명 자체의 잠재력이기도 하다. 닐 슈빈Neil Shubin은 40억 년 생명의 진화사가 시행착오, 표절, 도용으로 가득 차 있다는 점을 밝힌다. "무슨 일이든 시작되었다고 여겨지는 시점에 실제로 시작된 것은 아무것도 없습니다"[47]라는 극작가 릴리언 헬먼Lillian Hellman의 말을 빌려, 작은 발견과 발명일지라도 언젠가는 쓰임새를 획득했고, 그것이 생명 진화의 원동력이 되었다는 것이다. 물론 인간은 유전자보다 공동 뇌를 통해 그 과정을 가속했다는 점에서 독특하다(30만 년의 시간은 유전자를 바꾸기에 너무 짧다).

더 중요한 점은, 인류의 모든 구성원이 문명 진화 과정에 공동으로 참여한다는 냉정한 사실이다. '아프리카, 중남미, 남아시아 등 미개발 지역의 개인이 인류 문명에 무슨 기여를 하느냐?' 이런 반박이 제기될 법도 하다. 적어도 현재의 가치 사슬, 즉 자본주의경제의 세계적 분업을 인정한다면, 자급자족하는 몇몇 예외적 인간을 제외하고, 세계사의 운행에서 모든 개인의 역할을 쉽게 부정해서는 안 된다. 앞에서 보았던 존 던의 시구처럼 "어떤 사람도 섬이 아니다. 저절

---

47 닐 슈빈, 『자연은 어떻게 발명하는가』, 김명주 역, 부키, 2022, 22쪽.

로 전체다. // 각자는 대륙의 한 조각이며, 본진의 한 부분이다".

사정이 이렇다면, 천재로 일컬어지는 저 슈퍼 리치의 부는 어떻게 평가해야 할까?

어떤 것이 나의 것이 되기 위한 근거는?

인류 문명을 거대한 기억으로 본다면, 현재의 지식재산권이 정당화되는 논리를 다시 생각해야 한다는 결론이 도출된다. 지식재산권의 근거는 재산권의 근거와 맥을 같이한다.

어떤 것이 '나의 것'으로 정당화되기 위한 근거에는 어떤 것이 있을까? 이 점을 논의한 중요한 근대사상가 중 한 사람이 영국의 존 로크John Locke라는 점은 누구도 부인하지 않는다. 로크는 『통치론Two Treatises of Government』 5장에서 이 문제를 다룬다.[48]

로크는 신이 인류에게 세상을 '공유물'로 주었다고 본다. 그렇다면 한 개인이 사물에 대한 배타적 소유권을 가지는 근거는 무엇일까? 로크는 각자의 몸을 출발점으로 삼는다. 몸은 다른 누구도 아닌 자신만의 것이기 때문이다. 몸의 활동, 곧 노동 또한 그 개인의 소유이고, 노동의 결과물도 마찬가지다. 그러나 여기에는 몇 가지 의문이

---

48 존 로크, 『통치론: 시민정부의 참된 기원, 범위 및 그 목적에 관한 시론』, 강정인·문지영 역, 까치, 2002. 관련 논문은 권경휘, 「로크의 재산권 이론」, 《법철학연구》 18:3, 2015, 185~218쪽 참조.

제기된다.

첫째, 공유물에 어떤 노동을 첨가해야 할까? 로크가 제시한 도토리의 사례를 통해 이 점을 살펴보자. 로크는 참나무 아래에서 도토리를 채집하는 노동이 다른 모든 소유권의 출발점이라고 본다. "자연이 천연의 상태를 제공해서 그 천연의 상태에 둔 무엇인가를 그 천연의 상태에서 분리하는 노동"(27절) 덕분에 소유권이 성립하기 시작한다는 것이다. 물론 그런 노동만으로는 충분치 않으며, 추가 요건이 필요하다고 로크는 인정한다.

둘째, 왜 노동에 의해 배타적 소유권이 발생할까? 로크에 따르면, 공유 상태에 머물러 있다면 개인의 생존과 삶에 아무런 가치도 없을 테고, 따라서 그런 상태에서 분리하는 노동만이 비로소 가치를 생산한다. 그것이야말로 신의 목적에 부합하는 활동이다. 먹고살려면 먼저 공유물을 자기 것으로 만드는 노동이 있어야 한다.

셋째, 다른 사람의 동의가 필요하지 않나? 일일이 동의가 있어야 한다면, 모든 인류는 굶어 죽고 말 것이라고 로크는 답한다. 도토리를 주울 때마다 동의를 구하는 일은 아마 현실적으로 불가능할 것이다. 바다에서 물고기를 잡는다면, 자연이 내준 공유 상태에서 물고기를 분리한 노동이 그 물고기를 '그의 것'으로 만들어 준다고 해야 한다.

로크는 이 과정에서 독점, 즉 소유권의 무제한적 획득이라는 문제가 발생할 수 있다고 예상했다. 신은 한 개인이 아닌 인류에게 세상을 주었기에, 한 개인이 소유권을 획득할 때 타인의 몫을 침해하면 안 된다. 그래서 로크는 "적어도 타인을 위한 공유물이 충분하게 그리고 양질의 것으로 남아 있는 한"(27절)에서만 소유권이 성립한다고 주장한다.[49] 로크는 인구에 비해 공유물이 풍족한 상황을 염두에 두고 있으므로 타인의 몫을 침해하는 일은 현실적으로 발생하지 않을 것으로 보았다. 물론 화폐와 국가가 생긴 후에는 더 이상 노동에 의한 소유권 취득은 불가능해진다. 국가의 법에 따라 소유권이 규율되기 때문이다.

한편 소유물은 생존과 삶에 도움이 되어야 한다는 조건 아래 있으므로 이를 위배해서도 안 된다. 즉, "그 소유물을 부패시키지 않고서 자기 삶에 도움이 되도록 활용할 수 있는 만큼"(31절)만 소유권은 정당화된다. 로크는 『성경』의 구절을 빌려 "누릴 수 있을 만큼"이라고 표현했다. 소유물이 축적되면 안 된다는 뜻이다.

로크는 자신의 이론이 '오늘날' 유효하지 않다는 점도 인정한다. 다시 말해, 저 이론은 자연 상태에서만 성립한다. 우선, 화폐가 도입된 이상 누구나 이용할 수 있는 광대한 황무지는 더 이상 남지 않게 되었다. 모든 땅은 누군가가 이미 사버렸다. 나아가 화폐가 등장하면

---

49 내 몸의 활동으로 인해 공유물에 무엇인가 변화가 생길 때, 그것은 때로 공유물을 손상하는 결과로 이어질 수 있다.

서 소유물을 무한정 보존할 수 있게 되었다. 만일 도토리나 물고기를 현물로 보관하려면 사용 기한이 정해질 수밖에 없었으리라. 끝으로 자신이 소비할 수 있는 것보다 더 많은 양을 생산하고 화폐로 바꿔 부를 축적했다. 탐욕이 인간을 삼킨 것이다.

로크의 재산권 이론은 화폐와 국가가 탄생하기 전후의 자연 상태를 구별하고 있다. 자연 상태에서 인간의 수는 적고 공유물은 무한정하다. 따라서 노동을 통해 공유물 일부를 자기 것으로 삼더라도 문제될 것이 없으며, 나아가 정당하다. 타인의 몫을 훼손할 여지도 없고 누릴 수 있을 만큼 소유물을 갖는 일도 허락된다. 각자에게 그렇다면, 서로 동의를 구할 이유도 없다.

문제는 자연 상태가 다분히 인공적인 허구라는 점이다. 자연 상태는 존재할 수도 없고 존재한 적도 없다. 출발점은 항상 당대의 현실 사회다. 로크도 잘 인식했듯, 당대 사회에는 화폐와 국가가 엄존하고 있었다. 아직 자본주의가 발전하지는 않았지만, 사회는 자본주의를 향해 달려가고 있었다. 로크의 자연 상태를 당대 사회를 배경으로 한 유토피아로 볼 이유도 여기에 있다. 이미 사회에는 공유지가 존재하지 않고 화폐를 통해 부의 무한 축적이 가능했다. 로크의 사고의 출발점은 우리가 살고 있는 지금과 거의 다르지 않다. 로크가 우려했던 미래는 우리의 현재다. 로크의 '오늘날'은 우리의 '오늘날'과 거의 같다.

그렇다면 로크가 자연 상태에서 소유권이 정당화되는 조건을 말한 까닭은 무엇일까? 그것은 '최소한의 요건'을 제시했다는 점에서 유용하다. 적어도 이런 것들만은 지켜져야 한다는 차원에서 말이다. 그런데 흥미로운 점은 그가 말한 무한정한 공유물이 오늘날 다시 등장했다는 점이다. 상당수의 디지털 제품이 그것이다. 디지털 제품의 재생산에는 비용이 거의 들지 않는다. 복사만 하면 되기 때문이다. 따라서 로크가 말한 자연 상태가 약간 다른 수준에서 회귀했다고 해석할 수 있다. 로크는 얼마든지 개척할 수 있는 황무지를 말했지만, 디지털 세상도 그런 황무지와 같다. 디지털 세상에서 하나는 곧 무한대다. 하나만 있으면, 무한 수로 복제할 수 있다.

이런 디지털 자연법칙을 거슬러 무한 복제를 가로막는 근거가 바로 지식재산권이다. 지식을 처음 발견하거나 발명한 사람에게 '일정 기간' 재산권의 형태로 권리를 보장해 주어야 인류 공영에 이바지할 수 있다는 이유에서 등장했다. 다른 모든 고려 사항을 제외하고 지식 재산이 '일정 기간' 보호되어야 한다는 점을 고찰해 보자. 이 지점에 온갖 임의성이 수렴되어 있기 때문이다.

지식재산의 보호 기간이 미키마우스의 나이에 비례해 늘어난다는 우스개 아닌 우스갯소리가 있다. 그만큼 잣대가 탄력적, 아니 자의적이라는 뜻이다. 인류에 대한 공헌은 마땅히 보상해야 한다. 이 점을 부정할 사람은 없다. 그러나 얼마나 그래야 할까? 얼마 동안, 얼마나 많이 보상해야 적절할까? 이런 문제는 오늘날 중요한 논쟁거리 중 하나다. 보통은 보호 기간이 너무 길어지면 남들이 지불해야 할 비용이 증가한다고 생각하기 쉽다. 하지만 그렇지 않다. 역설적이지만, 오히려 나중에 온 공헌자가 보상받을 규모가 작아진다는 것이 결론이다. 새로운 지식은 과거 지식 유산에 아주 약간 덧붙은 것에 불과하기 때문이다. 다시금 '거인들의 어깨 위에 있다'는 철칙을 상기하자. 첫 공헌자에게 보상해야 할 기간이 길어질수록 그 뒤에 오는 새로운 공헌자의 몫은 적어질 수밖에 없다. 나는 모든 공헌자에게 영원히 보상하는 이런 방식이 옳은 방향이라고 본다. 누군가 임의로 기간을 정하는 것은 자의성 논란을 피할 수 없기 때문이다.

수면 위로 보이는 새로운 지식의 빙산은 수면 아래의 거대한 지식 유산의 빙산에 비하면 정말 적다. 수면 아래에 잠겨 있는 거대한 덩어리야말로 인류의 몫이다. 공헌자가 죽어서 더 이상 보상받을 수 없는 처지라면, 그 몫은 살아 있는 인류 전체에게 가야 마땅하다. 어느 개인이 독점할 권리는 없다. 처음 돌도끼를 깼던 그 순간부터 인류의 지식과 기술은 누적되고 확산하며 후대에 전수되었다. 시간이 지남에 따라 꿀물이 흘러넘쳐 사방으로 퍼져가는 모양새다.

지식재산권은 현재의 권력관계를 반영하는 자의적인 규정에 불과하다. 권리는 영원히 가질 수 있어야 한다. 기간을 지정할 권리는 누구에게도 없다. 과거에는 지식재산이 재생산될 때 상당히 큰 물리적 비용이 들었기에 사람들은 그다지 의문을 제기하지 않았다. 물리적 재생산 비용에 대한 보상이 필요하다고 여겼기 때문이다. 가령 책을 처음 찍었을 때보다 다음에 찍을 때 비용이 상당히 절감되지만, 여전히 일정한 비용이 소모되고 있고, 그걸 생각하면 저작권의 규모는 지나치지 않아 보였다. 디지털의 경우는 사정이 다르다. 처음 생산할 때까지 많은 비용이 드는 것은 맞지만, 그것은 여전히 거인들의 어깨 위에서 만들어졌을 뿐이다. 분명 다른 접근법이 필요하다. 지식재산에 얼마의 보상이 적절할까? 다른 계산법을 어떻게 도출할 수 있을까? 이것 자체가 논쟁거리다. 우리는 더 치열하게 논쟁해야만 한다.

공동 뇌를 강조한다고 곧바로 개인의 지식재산권이 논파되지는 않을 테지만, 현대사회에서 가장 큰 문제의 원인 중 하나인 지식재산권의 토대는 조금 부식될 수 있을 것이다. 오늘날 통용되는 지식재산은 인류라는 거인의 어깨 위에서 추가된 티끌에 불과하다. 인류 역사상 최근 5년만큼 극소수 개인이 인류의 부를 독차지한 순간은 없었다. 공동 뇌에 대한 인식은 이런 일이 부당하다고 폭로한다.

●

3장

미래 역량 교육

1. 우리는 왜 공부해야 하는 걸까?

우리 사회에서 잘 묻지 않는 질문이 하나 있다. 우리는 왜 공부해야 하는 걸까? '공부'라는 것이 '입시'와 동의어가 된 대한민국 사회에서 이 질문은 자취를 감춘 듯하다. 결론부터 말하면, 자유인으로 살려면 공부해야 한다.

일본의 분자생물학자 후쿠오카 신이치는 이런 말을 했다.

우리가 배우는 이유는 우리를 규정하는 생물학적 제약으로부터 자유로워지기 위해서다. … 우리는 중요한 잠언을 도출할 수 있다. '직감에 의존하지 말라'는 것이다. 즉, 우리는 직감으로 인해 야기되기 쉬운 오류를 분간하기 위해, 혹은 직감이 파악하기 어려운 현상에까지 상상력

이 도달하도록 하기 위해 공부를 해야 하는 것이다. 그리고 그것이 우리를 자유로 인도한다.[1]

후쿠오카가 말하는 요점은 이렇다. 인간의 뇌와 감각은 유전적으로 구석기시대에 머물러 있다. 생물학적 진화가 거기까지 이끌었다. 반면, 인간이 발견한 지식 체계는 생물학적 수준을 넘어서 있다. 이른바 '문화적 진화'가 작동했기 때문이다. 인간은 유전적 기억과 문화적·사회적 기억의 합이다. 후자가 바로 '배움' 혹은 '공부'가 작동하는 지점이다. 내 용어로 표현하면, 배움 혹은 공부는 공동 뇌의 자원을 개인 뇌로 흡수하는 과정이다. 이는 개인의 좁은 직접 경험을 넘어서는 유일한 방책이기도 하다.

350년도 더 전에 네덜란드 철학자 베네딕투스 데 스피노자Benedictus de Spinoza는 이 문제를 다음과 같이 통찰한 바 있다.

태양을 바라볼 때 우리는 그것이 우리로부터 200걸음 정도 떨어져 있다고 상상한다. 오류는 단지 이런 상상에만 있지 않고, 이런 식으로 상상하면서 우리가 태양의 참된 거리 및 이 상상의 원인을 모른다는 사실에 있다. 왜냐하면 나중에 태양이 우리로부터 지구 지름의 600배 이

---

1 후쿠오카 신이치, 『동적 평형』, 김소연 역, 은행나무, 2010, 47~49쪽.

상 떨어져 있다고 알게 되더라도, 우리는 여전히 그것을 가까이 있다고 상상할 것이기 때문이다. 왜냐하면, 우리가 그것의 참된 거리를 몰라서가 아니라 우리 몸의 변용이 우리 몸이 태양에 의해 변용하는 한 태양의 본질을 포함하기에, 우리가 태양이 이처럼 가까이 있다고 상상하는 것이기 때문이다.[2]

스피노자는 우리가 태양을 꽤 가깝다고 지각(상상)하는 것 자체는 심각한 문제가 아니라고 본다. 그것이 우리 몸의 본성이기 때문이다. 하지만 그런 지각을 지식이라고 보면 안 된다. 지식은 인간의 생물학적 본성을 넘어서 성립하며, 더 객관적이고 실증적인 힘을 갖는다. 다시 말해, 자연의 운행과 법칙에 더 부합한다. 가령 낭떠러지 끝에서 아래가 그리 깊어 보이지 않는다고 상상할 수는 있겠지만, 실제 몸을 던지면 중력에 의해 몸이 으깨진다는 것이 자연의 이치다.

후쿠오카와 스피노자가 말하는 배움이나 공부의 내용이 자연과학 지식이라고 해서, 꼭 자연과학에 국한해 이해해야 할 이유는 없다. 자연과학 지식에 덧붙여 우리가 알아야 하는 것은 훨씬 많다. 앞에서 사용한 용어를 빌리면, 그것은 인류의 공동 뇌에 저장된 집단 지능 혹은 공동 기억이다.

2 Benedictus de Spinoza, 1985: 473. 스피노자, 『윤리학』 2부 정리35 주석

이야기를 조금 더 이어가자. 공부해야 하는 이유가 자연 세계에서 낭패를 보지 않기 위해서라고 말하는 것만으로는 뭔가 조금 부족하다. 시야를 넓혀보자. 각자는 세상을 살아가면서 쉽지 않은 의사결정과 판단을 내릴 때가 있다. 그저 있는 정도가 아니라 그래야 할 때가 꽤 많다. 의사결정을 하려면 근거가 필요하다. 왜 그렇게 결정했는지 스스로에게 설명해야 한다. 의식적인 설명이 항상 요구되지는 않지만, 돌아보면서 다시 묻는 일도 많다. 결정의 결과가 만족스럽지 못할 때 더욱 그렇다. 나는 왜 그런 결정을 내렸고, 무엇 때문에 오판했던가? 다음에 후회하지 않으려면, 결정을 내리기 전에 무엇을 어떻게 해야 할까? 결국 근거를 따져 묻는 데로 향하게 마련이다.

공부는 의사결정 역량을 높이기 위해 꼭 필요하다. 우선 공부는 주어진 데이터를 이해하기 위한 언어력을 기르는 과정이다. 뒤에서 자세히 설명하겠지만, 오늘날 길러야 하는 것은 확장된 언어를 다루는 '확장된 언어력'이다. 자연어에 보태 수학, 자연과학(물리학, 생명과학, 뇌과학 등), 기술, 예술, 디지털 등도 인간과 세상을 읽고 쓰기 위한 언어라고 봐야 한다. 데이터를 이해하지 못하면, 의사결정을 운에 맡기는 것이나 다름없다.

공부에서 중요한 또 다른 대목은 '비교' 능력이다. 하나의 사태에 관해 서로 다른 여러 데이터가 있다고 해보자. 어느 것이 옳은 데이터인가? 혹은 어느 것이 더 옳은 데이터인가? 즉, 어떤 데이터를 기준으로 삼아야 할까? 스스로 판정할 줄 알아야 한다. 공부는 이 능력을 기르기 위해 필요하다. 각 분야나 영역마다 무엇이 더 옳은지 판정하는 기준은 다를 수 있다. 가령, 예술의 심미안과 과학의 정확함은 같은 잣대를 들이밀 수 없다. 따라서 분야마다 통용되는 기준을 각각 익혀야 한다.

그 밖에 공부해야 할 것은 더 많지만(가령 관계를 맺고 소통하는 능력, 자기 생각을 표현하는 능력, 타인과 협업하는 능력, 새로운 것을 배우는 능력 등), 지금 맥락에서는 판단하고 결정하는 능력에 집중해 더 살펴보도록 하겠다. 왜냐하면 판단과 결정을 남에게 위탁한다는 것은 결국 자기 생각과 행동을 남의 지시에 맡긴다는 뜻이며, 주인이 아니라 노예로 산다는 뜻이기 때문이다. 우리가 공부해야 하는 가장 중요한 이유는 스스로 판단하고 결정하고 행동할 수 있는 인간이 되어야 한다는 데 있다.

프리드리히 니체는 이런 말을 남겼다. "아! 다른 사람에게 내 생각을 강요하는 것은 내게 얼마나 역겨운지! 나는 내 생각과 어긋나는 다른 사람의 생각이 잘 먹힐 때 내 안의 기분과 은밀한 개심을 얼마나 기뻐하는지!"[3] 자기 생각을 남에게 강요하는 건 역겹고, 다른 사람의 생각이 나를 압도하는 건 기쁘다는 고백이다. 그런데 강요가 아니라면 어떨까? 내 생각이 남을 자연스레 압도한다면? 아마도 둘째 문

---

3 니체, 『아침놀』 449절, 직접 번역.

장에서 언급된 그 기쁨을 똑같이 느끼게 되지 않을까? 결국 중요한 것은 생각의 세기일 것이다. 더 센 생각이 지배한다. 무엇을? 남의 생각과 나아가 행동까지도.

니체의 이런 생각은 단지 일방적인 주장에 불과하다고 여겨서는 안 된다. 실제로 현실에서 일어나는 일이기 때문이다. 타르드가 말했던 '모방'이 일어나는 원리도 그러했다. 하지만 니체의 생각은 얼마간 가치 중립적이다. 즉, '옳다, 그르다'의 범위를 넘어서서 일어나는 일이다. 더 좋은 생각, 더 가치 있는 생각, 더 아름다운 생각, 더 멋진 생각을 따르는 것이 뭐가 문제란 말인가? 어쩌면 그런 생각에 수렴하는 것은 바람직할지도 모른다. 이는 모두가 '하나의' 생각을 추종하는 것과는 다르다. 왜냐하면 '더'라는 비교급 수식어는 결코 '하나'에 머물 수 없음을 함축하기 때문이다. '더'는 역동적 운동이며, 새로움의 '추구'와 동시에 기존으로부터의 '벗어남'을 뜻한다.

문제는 다른 데 있다. 어떤 이는 남의 의견이나 주장을 맹목적이다 싶을 정도로 추종한다. 스스로 생각하기를 거부하기 때문이다. 어떤 이는 가장 높은 목소리에 혹한다. 귀가 얇다는 말은 이런 이에게 해당한다. 어떤 이는 처음 들은 말을 무턱대고 진실로 받아들인다. 데이터를 비교하는 습관이 훈련되지 않았기 때문이다. 그런데 이런 이들보다 더 흔하면서도 심각한 부류가 있다. 이들은 돈, 이익, 권세, 지위 같은 세속적 권력을 추종해 그쪽 목소리를 자기 생각으로 굳게 받아들이려 한다. 정작 자기 나름의 기준 같은 건 없다는 의미다.

이들 경우에는 애초 '자기 생각'을 포기했다고 해야 할 것이다. 다른 말로 하면, 애초에 노예로 살기로 작심했다는 것이다. 스피노자와 니체, 그리고 최근에는 들뢰즈와 과타리가 그토록 분석하려 했던 '자발적 예속'이다. 들뢰즈와 과타리는 자신들의 문제를 이렇게 제기했다. 길지만 해당 대목을 함께 보자.

정치철학의 근본 문제는 아직도, 스피노자가 제기할 줄 알았던 (그리고 라이히가 재발견한) 저 문제이다. 《왜 인간들은 마치 자신들의 구원을 위해 싸우기라도 하는 양 자신들의 예속을 위해 싸울까?》어째서 사람들은, 세금을 더 많이! 빵을 더 조금! 하며 외치는 지경까지 가는 걸까. 라이히의 말처럼, 놀라운 건 어떤 사람들이 도둑질을 하고 어떤 사람들이 파업을 한다는 점이 아니라, 굶주리는 자들이 늘 도둑질을 하는 건 아니며 착취당하는 자들이 늘 파업을 하는 건 아니라는 점이다. 왜 인간들은 몇 세기 전부터 착취와 모욕과 속박을 견디되, 남들을 위해서는 물론 자기 자신들을 위해서도 그런 일들을 바라는 지점까지 간 걸까? 라이히는 파시즘을 설명하기 위해 대중들의 오해나 착각을 내세우기를 거부하고, 욕망을 통한 설명, 욕망의 견지에서의 설명을 요구하는데, 이럴 때 그는 가장 위대한 사상가였다. 아니, 대중들은 속지 않았다. 그 순간, 그 상황에서 저들은 파시즘을 욕망했고, 군중 욕망의 이

런 변태성을 설명해야만 한다.[4]

많은 사람이 자기 예속을 바란다. 여기서 '바란다'를 '욕망한다'로 바꿀 수 있는데, 다만 '욕망한다'를 '구성한다'라는 뜻으로 이해할 때만 정확하다. 사람들은 자기 예속을 구성한다. 자기를 던져, 온통 노예로 구성된 사회의 부품으로 편입한다. 생각을 포기하고 공부를 단념할 때 이런 일이 벌어진다.

공부는 왜 해야 하냐고? 자기뿐 아니라 모두를 노예로 만들어 버리는 사회를 만들지 않고, 거꾸로 그런 움직임에 맞서 빠져나오기 위해서다. 주인으로 살고, 자유로운 인간으로 살기 위해서다. 이것을 위해서가 아니라면, 공부는 해서 무엇하랴? 혹시 자신이 공부하고 있다고 생각하면서, 다른 목적을 추구하고 있는 건 아닌지 자문해 보아야 하리라.

2. 왜 새로운 교육이어야 하는가?

교육학자 이혜정은 『대한민국의 시험』[5]에서 미래 사회에 필요한 능력이 무엇인지 예측할 수 있게 해주는 두 가지 자료를 제시한다.

---

4 질 들뢰즈·펠릭스 과타리, 『안티 오이디푸스』, 김재인 역, 민음사, 2014, 64~65쪽.

첫 번째는 '노동시장에서 필요한 업무 속성의 변화'를 나타내는 자료다.

이 자료에 나타난 업무의 종류는 다음과 같이 구별된다.

반복적 업무 — 규정에 따라 수행 가능, 영역이 명확히 정의되어 제한적

- 반복적 인지 업무 (예시: 회계, 데이터 입력)
- 반복적 육체노동 업무 (예시: 공장 조립라인의 생산, 모니터링 작업)

비반복적 업무 — 문제 해결력과 고도의 소통력을 지녀야 수행 가능

- 비반복적 분석 업무 (예시: 엔지니어링, 과학기술 응용)
- 비반복적 대인 관계 업무 (예시: 전문적인 관리, 감독, 협상, 제휴)
- 비반복적 육체노동 업무 (예시: 식사 준비, 호텔 방 청소)

자료는 시간이 지날수록 비반복적 업무, 그중에서도 대인 관계와 분석 업무가 점점 더 중요해지고 있다는 사실을 보여준다. 이 경향이 앞으로 더 가속화될 것임은 쉽게 짐작할 수 있다.

두 번째 자료는 '문제 해결 능력에 따른 직업군 고용의 변화'를 보

---

5 이혜정, 『대한민국의 시험』, 다산지식하우스, 2017. 유감스럽게도 이혜정이 제시한 몇 개의 자료 말고는, 이 책의 논거와 주장을 동의하기 어렵다.

여주는 자료다.

　이 그래프는 하위 수준 문제를 해결해야 하는 직업군은 큰 변동이 없는 반면, 중하위 수준 문제를 해결해야 하는 직업군은 감소하고 있으며, 상위 수준 문제를 해결해야 하는 직업군은 급증하고 있음을 보여준다. 이는 앞으로 상위 수준의 문제 해결 능력을 가진 사람에 대한 사회적 수요가 증가할 것을 예상케 한다.

　두 자료에 따르면, 미래에는 엔지니어링, 과학기술 응용 같은 비반복적 분석 업무나 전문적인 관리, 감독, 협상 제휴 같은 비반복적 대인 관계 업무가 점점 더 중요해지는데, 이는 문제 해결력과 고도의 소통력이 있어야 수행할 수 있다. 또한 이런 업무는 상위 수준의 문

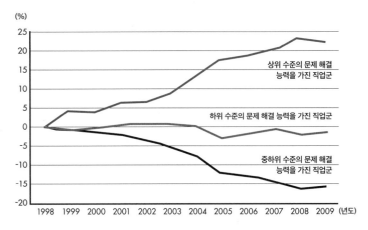

[그림 12] 문제 해결 능력에 따른 직업군 고용의 변화(출처: Babara Ischinger (2016), *A Vision for 21st Century Education*. Keynote Presentation at International Symposium on Education, Jeju, Korea.)

제 해결 능력이기도 하다.

이와 관련해 이혜정은 다음과 같이 분석하기도 한다.

오늘날 가장 쓸모없는 기술이 되어버린 반복적 인지 기술. 취업에 가장 불리한 능력이 되어버린 중하위 수준의 문제 해결 능력, 지식과 정보에 대한 수용적 학습에 몰두하고 있는 우리나라 학생들이 이를 통해 기르고 있는 것이 바로 반복적 인지 기술 그리고 중하위 수준의 문제 해결 능력이다.

이에 반해 OECD 교육국장을 역임한 바버라 이싱어^{Barbara Ischinger}의 입을 빌려 오늘날 필요한 핵심 능력을 다음과 같이 소개한다. "국제적 트렌드와 과제에 대한 지식과 관심, 개방성과 유연성, 자존감과 회복탄력성, 커뮤니케이션과 대인 관계 관리." 필요한 미래 역량을 세부적으로 분류하고 묘사하는 방식은 여럿일 수 있지만, 과연 대한민국의 아이들이 매달리는 수능 공부가 이런 능력을 키워주지 못한다는 사실은 모두가 동의할 것이다.

이혜정은 대안으로 IB(인터내셔널 바칼로레아)를 제안한다. 그것은 '집어넣는 교육', '수용식 교육'이 아니라 '꺼내는 교육', '스스로 생각하는 힘을 길러주는 교육'이다. 취지는 좋지만, 이혜정이 또 다른 메이지유신이라고 소개한 2013년 일본의 IB 도입이 '표면적 실패'로 귀결되었다는 점은 하나의 반면교사가 아닐까 한다.[6] 2015년 일본 문부과학성은 2018년까지 IB를 200개 학교로 확대한다는 계획을 세웠지만, 2021년 12월 22일 현재 이수자가 0.019퍼센트(560명)에 불과하며, 난이도와 비용 문제로 상위권 학생들만 선택하게 되어 새로운 학력 격차를 키우게 된다는 비판을 받고 있다.

하지만 이혜정이 제시한 두 개의 자료는 미래의 교육이 향해야 할 방향을 예견한다는 점에서 의미가 있다. 나아가 이 자료는 이른바 '엘리트 교육'의 위치를 재정립하는 토대가 된다는 점에서도 중요하다. 내가 여러 저서와 정책 보고서에서 제시한 대안은 종종 '엘리트 교육'이라는 비판을 받는다. 즉, 모든 학생을 대상으로 한 보편 교육이 아니라 상위권 몇 퍼센트만을 위한 교육이라는 비판이다. 비판의 근거는 교육해야 할 내용이 너무 많고 어려워 대다수가 따라오지 못할 것이라는 추정에 있다.

나는 이런 비판이 교육의 이상과 현실을 제대로 직시하지 못한 데서 비롯한다고 본다. 다른 모든 논의에 앞서 짚고 가야 할 점이 있다. 그건 '그런 건 몰라도 사는 데 지장 없다'는 견해다. '그런 건' 배우지 않아도 좋다는 입장이다. 하지만 이는 가장 위험한 주장이다. 몰

6 민경호, 「일본 아베 정부 도입한 'IB교육 표면적 실패' 논란」, 《경인미래신문》, 2022년 10월 25일. http://www.kifuture.com/news/article.html?no=85029

라도 '사는 데' 지장 없는 건 너무 많다. 예술을 몰라도, 철학을 몰라도, 수학과 과학을 몰라도 사는 데는 지장 없을 것이다. 다만, 인간답게 살고 민주 시민으로 사는 데도 지장이 없지는 않다. 코로나 백신을 반대하고, 예술은 사치니까 예술가는 가난해도 좋다고 생각하고, 겉으로는 공정과 상식을 내세우며 자기 이익만 좇고, 세상 돌아가는 걸 제대로 이해하지 못해 잘못된 공적 의사결정을 내리는 등, 이런 게 다 예술과 철학과 과학을 몰라서 그런 것이다. 몰라도 사는 데 지장은 없다. 다만, 모르면서 인간으로서 시민으로서 자유인으로서 사는 건 불가능하다.

하나 더 짚어야 할 점이 있다. 그건 행복한 교육이라는 허상이다. 본래 공부는 어렵다. 호기심을 느껴 스스로 더 알고자 하는 주제가 아니라면, 자발적으로 공부하는 건 불가능에 가깝다. 그렇다고 공부를 하지 않아도 된다는 결론이 도출되지는 않는다. 남들과의 경쟁에서 이기고, 더 나은 직장에 취직하고, 더 넓은 아파트에 살기 위해서만 공부하는 건 아니다. 공부의 의미는 나중에 깨닫게 되는 경우가 많다. 아무것도 모를 때는 아무 의미도 느끼지 못하지만, 어느 정도 알고 난 후에는 그동안 한 일의 보람을 느끼게 되는 경우가 흔하다. 사실 모든 훈련paideia은 그런 성격을 갖는다. 심지어 좋아하는 일조차도 훈련하는 건 피하려는 게 인간이다. 그런 역경을 딛고 극복하는 훈련은 눈앞의 성취를 얻기 위해서도 필요하지만 그 자체로도 끈기와 강인함을 길러주는 과정이다. 따라서 아이에게 행복한 교육은 지금의 아이와 나중의 성인을 모두 고려하는 교육이어야 한다. 공부를 덜 시키는 게 능사는 아니다. 이를 위해 교육과정을 어떻게 짜느냐 하는 건 별도의 고민거리다.

끝으로 엘리트의 사회적 역할을 인정해야 한다. 엘리트란 전문적인 지식과 기술을 가진 사람이다. '전문성'이라는 점에서 엘리트는 소수일 수밖에 없다. 다수가 할 수 있는 일은 전문적이라고 하기 어렵기 때문이다. 사람들은 전문가에 대해 존경과 질시라는 이중 잣대를 갖고 있다. 존경은 그의 능력을 향해 있고 질시는 그의 보상(수입, 명성, 위신 등)을 향해 있다. 이 이중성은 전문가가 사회에서 중요한 역할을 하고 있다는 인정을 포함한다. 대다수가 할 수 없는 일을 하는 것은 존경할 만한 일이다. 따라서 엘리트를 키우는 교육은 사회에 필수적이다. 사회를 유지하고 발전시키려면 전문가의 능력이 꼭 필요하다. 그렇다면 엘리트는 언제부터 교육해야 할까? 이것이 쟁점이다. 초중고 과정에서 엘리트 교육을 하게 되면 나머지 일반 학생이 따라가지 못해 피해를 본다는 것이 일반적인 생각이다. 하지만 별도의 과정을 통해 교육을 하는 것도 다수가 반대한다. 이들이 좋은 교육을 받아 좋은 대학을 차지할 것이라는 우려 때문이다. 결국 대한민국에서 엘리트 교육은 설 자리가 없다. 엘리트는 필요하지만 길러내서는 곤란하다는 것이 오늘날 대한민국의 다수 여론이다. 여기에는 이유가 없지 않은데, 그동안 대한민국의 엘리트는 사회적 책무보다 자신과 자기 동아리의 이익을 우선시해 왔다. 질서의 원인이 여기에 있다. 이제는 책임감 있는 엘리트를 교육해야 한다.

3. 인문학의 재정의: '학문 연구'와 '교육'을 구분하자

인문학이란 무엇이어야 하는가?

가끔 스스로 묻곤 한다. 나는 인문학자인가? 이 물음에 답하려면, 먼저 '인문학'이 무엇인지부터 답해야 한다. 그런데 '인문학이 뭐지?' 이렇게 되묻는 순간 당혹감을 느끼는 것도 사실이다. 사실 우리는 인문학이 무엇인지 묻지 않아왔고, '당연한' 그 무엇으로 여겨왔다. 이렇게 된 데는 역사와 사연이 있다. 어떤 것이 처음 등장할 때는 당연한 것이 아니기 때문에 주목받게 된다. 그러나 시간이 지나면서 그것은 풍경의 일부가 되어 특별히 주목받지 않게 된다. '인문학'이라는 낱말도 풍경이 될 운명을 거쳐왔다.

오늘날 인문학은 '인문대학'(유사한 명칭이 더 있다)과 관련 있다. 그곳에서 배우고, 가르치고, 연구하는 내용이 곧 인문학이다. 인문대학의 편제가 인문학의 정체를 규정하고 있는 셈이다. 그렇다면 인문대학을 구성하는 학과들을 그렇게 모은 데는 적합한 이유가 있는 것일까? 그 학과들은 얼마나 근친인가? 나는 이 지점에서 문제를 느낀다. 어느 대학교나 비슷한 것이, 인문대학은 어학, 문학, 역사학, 철학 정도의 학과로 구성된다. 하지만 이들 학과가 모여야 할 필연성, 아니 필연성까지는 아니더라도 충분한 이유가 있는 건 아니다.

우리는 현행 대학 제도에 너무도 익숙한 나머지, 그것을 기본값으로 삼으면서 대학의 단과대학 구분이 학문의 분류 방식이자 동시에 교육의 분류 방식이라고 생각한다. 그런데 막상 성립된 역사를 자세히 들여다보면 혼동이 있다는 것을 확인할 수 있다.

가령 대한민국의 역사를 거슬러 가보면, 국어국문학과, 영어영문학과, 독어독문학과, 불어불문학과, 중어중문학과, 언어학과, 사학과, 사회학과, 종교학과, 철학과, 심리학과, 정치학과, 수학과, 물리학과, 화학과, 지질학과, 생물학과 등 총 17개 학과가 '하나'의 단과대학으로 묶였던 적이 있다. 바로 1945년 서울대학교 '문리과대학文理科大學'이다. 시간이 지나면서 여기에 여러 학과가 보태지고 학과가 더 나뉘다가, 문리과대학은 1975년 관악캠퍼스로 이전하면서 인문대학, 사회과학대학, 자연과학대학 등 세 개의 단과대학으로 분리되었다.[7] 연세대학교를 제외한 한국의 거의 모든 대학이 문리과대학을 운영한 적이 있다.

당시에 문리과대학이 그런 식으로 묶여야 했던 필연성이 있을까? 또 현재 소속된 학과들이 인문대학이라는 묶음으로 모여야 할 필연성은 어디에 있을까? 나는 '시대의 필요'라는 근거 말고는 어떤 필연성도 찾기 어렵다고 생각한다. 하지만 시대의 필요라고 한다면 언제든 다시 새롭게 편제될 수 있다는 뜻이기도 하다. 시대가 변하고 필요가 변하는 건 늘 있는 일이니까.

더 중요한 것은 우리가 어느새 '학문 연구'를 위해 묶는 단위와 '교육'을 위해 묶는 단위를 뒤섞어 왔다는 점이다. 이 두 단위는 분석을 위해서든 실천을 위해서든 적절히 분리되어야 한다. 학문 연구는 전문 학술 활동의 수준에서 이루어지는 반면, 교육은 모두를 대상으로 하는 보편적 수준에서 이루어지는 활동이기 때문이다. '인문학'이라는 명칭을 놓고 이 점을 구분해 보겠다.

인문학의 두 부류: '인문학'이라는 명칭의 두 유래

우리 사회에서 '인문학'을 거론하면 항상 헷갈리는 두 가지가 있다. 우리 사회뿐 아니라 전 세계적으로도 이런 혼동이 관찰된다. 요컨대, 오늘날 인문학은 단일하게 이해되지 않고 섞여 있는 개념으로 이해되고 있다. 그래서 인문학을 둘러싼 이미지를 세분할 필요가 있다. 유래를 거슬러 가보면 인문학이 형성된 경로는 두 가지다. 서양

---

7   서울대학교 60년사 편찬위원회, 『서울대학교 60년사』, 서울대학교, 2006. https://www.snu.ac.kr/about/downloads?md=v&bbsidx=121230

의 역사를 보면 인문학에는 크게 두 개의 흐름이 있었다.

1) 연구 인문학, 스투디아 후마니타티스: 우선, 라틴어로 '스투디아 후마니타티스Studia Humanitatis'라고 부르는 활동이 있다. 영어로 표현하면 '휴먼 스터디Human Study'다. 말 그대로 연구 주제 자체가 인간이다. 이 전통은 인간을 둘러싼 주제와 그에 대한 연구를 포함한다. 가령 죽음을 고민하고 이별을 슬퍼하고 삶의 괴로움을 풀고 싶어 하는 것은 다 여기에 속한다. 그러니까 인간에 대한 관심에서 학문 연구를 하는 것이 첫 번째 의미의 인문학이다. 이것을 편의상 '연구 인문학'이라고 지칭하겠다. 인간의 언어 속에 담긴 내용을 탐구하고 연구하는 것, 그리고 철학, 역사, 문학, 예술이 담당했던 것이 이에 해당한다. 오늘날 대학에서 단과대학으로 '인문대학'을 지칭할 때 사용하는 명칭인 '휴머니티즈Humanities'도 이와 관련된다. 휴머니티즈는 '자연과학, 사회과학, 형식과학(예컨대 수학), 응용과학'과 구별되는 분야를 지칭한다. 이런 분류법에서 암시되듯, 휴머니티즈는 대학교의 단과대학 분류에 대체로 대응하는 명칭이다.

2) 교육 인문학, 아르테스 리베랄레스: 두 번째로, 교육을 위해서 필요한 과목들을 묶어놓은 것도 인문학이다. 이것을 라틴어로는 '아르테스 리베랄레스Artes Liberales', 영어로는 '리버럴아츠Liberal

Arts'라고 부른다. 이는 고등교육(대학)의 역사적 전통을 반영하는 명칭이기도 하다. 리버럴아츠 전통은 교육을 위한 교과목들의 묶음이었다. 특히 중세 유럽에서 이런 방식이 많이 유행했다. 서양 중세 대학에서 상급 학부인 의학, 법학, 신학을 공부하기 위해서는 먼저 거기에 진학하려는 학생들이, 다시 말해 당시의 최고 엘리트가 되기 위한 준비 과정에 있는 사람들이 기반 역량을 갖춰야 했다. 이들이 꼭 배워야 하는, 보통 일곱 개로 묶인 과목이 리버럴아츠다. 리버럴아츠 과목의 조합은 조금씩 바뀌기도 했다. 꼭 일곱 개가 아니고, 필요에 따라 과목이 추가되기도 하고 빠지기도 했는데, 어쨌든 일곱 개의 과목이 기본 축이었다. 대학은 아르테스 리베랄레스 교육에서 출발했다. 이것을 편의상 '교육 인문학'이라고 지칭하겠다.

요약하면, 연구 인문학인 '스투디아 후마니타티스' 혹은 '휴머니티즈'는 연구의 필요성 때문에 생겨난 분류 단위이고, 교육 인문학인 '아르테스 리베랄레스' 혹은 '리버럴아츠'는 교육의 필요성 때문에 생겨난 분류 단위로 보면 좋다. 그러면 앞서 예시한 '문리과대학'은 리버럴아츠의 일환으로 성립했고, '인문대학'은 휴머니티즈로서 성립했다는 점도 드러난다.

오늘날 인문학은 두 개의 구별되는 활동 사이에서 오락가락하며 정체성을 잃은 것 같다. '인문학'을 논할 때 혼동과 혼란이 생기는 가장 근본적인 원인은 일반적으로 '인문학의 역사성'을 간과했다는 데 있다. '인문학'이라는 명칭이 연구와 교육이라는 두 개의 흐름이 만나는 데서 성립했다는 점을 염두에 두고, '인문학'이 무엇인지 더 잘 정의하는 것이 필요한 때다. 이로써 과학기술 시대에 인문학의 역할이 어떠해야 할지도 더 분명해질 수 있다.

지금의 혼동이 이해되지 않는 것도 아니다. 최근에는 대학에서 주로 교수들이 연구와 교육을 담당해 오고 있기 때문이다. 하지만 역사를 보면 인문학은 한편으로는 연구이고 한편으로는 교육이기 때문에, 명료하게 분절해야 의미의 재구성에 도움이 된다. 삶의 의미와 가치를 살피고 재미와 놀이와 비전을 주는 것은 전자(스투디아 후마니타티스)고, 교육을 위해 알아야 하고 익혀야 할 것을 정교하게 모아놓은 것은 후자(아르테스 리베랄레스)다.

아르테스 리베랄레스와 확장된 인문학

이제부터 자세히 언급할 '확장된 인문학'에서의 '인문학'은 '아르테스 리베랄레스', 즉 교육 인문학에 집중되어 있다. 확장된 인문학은 확장된 언어력을 가르치는 것이니까, 이런 의미에서라면 교육의 영역이기 때문이다.

흔히 언어를 도구 과목이라고 한다. 무언가를 알기 위해 꼭 필요한 수단이기 때문에 '도구'다. 가령, 영어로 쓰인 모든 것을 활용하려면 먼저 영어부터 익혀야 한다. 도구로서의 언어가 지닌 특징이다. 오늘날 누구나 갖춰야 할 공통 핵심 역량은 확장된 언어 능력이다. 읽고 쓰는 능력을 길러주는 소임을 담당해 온 전통 인문학은 확장된 언어라는 핵심을 놓쳐서 한동안 무력함과 공허함을 보였다. 인문학은 확장된 언어를 다시 붙잡아야 한다.[8]

공통 핵심 역량의 핵심에는 과거에 인문학이 담당했던 글을 읽고 쓰는 능력, 즉 문자력이 있다. 그것은 삶과 인간과 사회와 자연을 이해하고 다루는 능력이기도 하다. 과거에는 한국어, 영어, 중국어 같은 자연어가 그런 활동의 핵심에 있었다. 말하자면 자연어 문자력을 많이 익힐수록 더 많이, 더 깊게, 더 넓게 알 수 있었고, 이를 통해 정보를 처리하고 종합해 적용과 행동을 위한 지혜로 가공할 수 있었다. 이처럼 자연어 문자력은 과거의 공통 핵심 역량이었다.

문제는 시대가 변해 자연어가 언어의 전부가 아닌 것이 되었다는 점이다. 과거에는 자연어 안에 모든 지식과 기술이 오롯이 담겨 있어 그것을 잘 읽어내는 것으로 충분했지만, 앞에서도 지적했듯 오늘날의 언어는 확장했다. 따라서 데이터를 읽고 쓰는 능력, 확장된 언어를 다루는 능력, 즉 확장된 언어력이 필요해졌다. 전통 인문학이 한

---

8 인문학이 처한 무력함과 공허함에 관해서는 『AI 빅뱅』 5, 6장 참조.

동안 보여온 무력함과 공허함은 인문학의 핵심인 언어를 놓쳤다는 데서 비롯되었다고 진단할 수 있다.

세상을 읽어내기 위해, 가령 뉴스나 책의 내용을 접할 때 수학 공식, 표나 그래프, 간단한 수식, 자연과학 지식, 공학적인 내용 등이 나올 때 어안이 벙벙해지면서 건너뛰는 방식으로 대해온 셈이다. 다시 말해, 뭘 하나 읽더라도 전체를 제대로 읽어내지 못하고, 결과적으로는 시간이 지나면서 세상을 읽는 힘이 사라졌다. 인문학이 처한 상황을 이렇게 진단할 수 있을 것이다.

인문학은 언어를 다시 붙잡아야 한다. 단, 이때의 언어는 확장된 언어여야 한다. 확장된 언어, 확장된 언어력, 확장된 인문학이다. 한번 더 말하지만, 여기서 인문학은 교육, 그중에서 공통 핵심 역량을 담당하는 단위다. 한국의 대학 초기에 있었던 '문리과대학文理科大學'의 교육 기능과도 비슷하다. 다만 교육 내용은 지금 현실에 맞게 조정되어야 할 터다.

일곱 개 리버럴아츠의 흥미로운 지점은 삼학사과三學四科라고 부르는 세부 구분이다. 삼학Trivium은 문법, 논리학, 수사학으로, 연구 인문학인 스투디아 후마니타티스와 상당히 가깝다. 이것은 언어 텍스트를 바탕으로 한다. 언어로 된 고전들은 연구 인문학의 대상이다. 한편 교과목 중 뒷부분인 사과Quadrivium는 산술, 기하, 음악, 천문학이다. 이것들은 오늘날 흔히 생각하는 인문학 혹은 연구 인문학이라고 하기에는 이질적이다. 사과는 결국 수학, 과학, 예술 이런 것들 아닌가? 흥미로운 점은, 중세 유럽에서는 수학이나 과학을 의대생 말고 법대생이나 신학생에게도 가르쳤다는 점이다. 당시 대학의 체제를 보면 이공 계열 학생들에게 문법, 논리학, 수사학을 가르치고 인문·사회 계열 학생들에게 산술, 기하, 음악, 천문학을 가르쳤는데, 그것도 필수였다. 중세 유럽에서는 최고 엘리트가 되기 위해 이 일곱 과목을 모두 묶어서 꼭 알아야 할 것으로 교육했다. 이것이 독특한 지점이고, 사실 오늘날 우리에게 더 절실하다.

거듭 말하지만, 우리는 확장된 언어 상황에 처해 있다. 오늘날 세상을 읽고 쓰기 위해서는 자연어 말고도 수학, 자연과학, 기술, 예술, 디지털 등 다양한 것을 언어로 보는 인식이 중요하다. '언어'에 대한 인식이 바뀌어야 한다. 이들 언어를 모르면 우리가 세상을 알 수 없고 또 세상에 충분히 표현하지 못한다. 그래서 이 확장된 언어 상황에 민감하게 대응해야 하는데, 그동안 연구 인문학에 집중했던 사람들은 자연어만 고집했던 것이 사실이다. 그래서 현실 부적응에 빠졌다. 사회에서 인문학이 별 효용이 없다고 느껴지게 만든 가장 핵심 원인이다.

나는 과거 서양의 교육 단위였던 아르테스 리베랄레스^{artes liberales} 전통을 발전시켜 '뉴리버럴아츠^{A New Liberal Arts}'라고 명명한 바 있다. 아르테스 리베랄레스의 삼학과 사과는 내가 주장하는 확장된 언어력 교육에 꽤 가까웠다. 이렇게 재정의하고 나면, 사실상 초중등교육의 교과목 대부분이 담당했던 교육이 '확장된 인문학 교육' 혹은 '확장된 언어 교육'이었음을 알 수 있다. 한국어, 영어, 제2외국어 등의 언어 교과, 수학, 자연과학의 각 교과(물리학, 화학, 생명과학 등), 음악과 미술, 코딩 등이 그러했다. 사실상 상당 부분 콘텐츠를 기준으로 구별되었다고 할 수 있을 역사, 사회, 지리 등의 과목도 결국 확장된 언어 교육의 방편에 속한다. 이미 한국에서도 인문학은 교육의 중심에 있었다. 그리고 연령에 따라 학습 역량이 다르게 발달하기에, 뇌 성장이 정점에 이르는 대학 초년까지는 이런 확장된 언어력 교육에 집중하는 것이 적합해 보인다.

인문학 위기와 극복: '교육'으로 기여한 후 '연구'를 누리자

사실 연구 인문학(스투디아 후마니타티스)에 집중하게 되면 당장 한계에 빠진다. 연구 인문학은 인간과 관련된 주제를 다루는 전문 연구자들이 하는 작업인데, 사회에서는 이를 높게 쳐줄 수도 있고 아닐 수도 있다. 연구하는 사람이야 자기가 재미있어서 하는 일이지만, 그것이 사회에도 도움이 되는지는 의문이 생길 수 있기 때문이다. 이 주제를 잘 다룬 작품이 넷플릭스 드라마 〈더 체어The Chair〉다. 2021년 코로나 기간 중에 개봉했는데, 미국의 명문대 영문학과에서 처음으로 유색인종 여성 학과장이 된 주인공(샌드라 오 분) 이야기를 다루고 있다.

　드라마에는 수강생이 줄고 있는 위기의 영문과 이야기가 나온다. 한국식으로 말하면 망해가는 국문과 이야기다. 1화가 시작하고 얼마 지나지 않아, 내용 중에서 기억나는 한 대목이 있다. 학생들은 태블릿과 노트북을 펴놓고 껄렁껄렁하고 있고, 시인 초서Geoffrey Chaucer, 1343-1400를 가르치는 노 교수가, "사랑을 하면 눈이 먼다Love is blind"라는 어구를 만든 사람이 근대 영문학의 아버지로 불리는 초서고, 오늘날 사용하는 일상적 이미지와 관용구 중 아주 많은 구절이 14세기에 만들어졌다는 사실을 알게 되면 놀랄 것이라며 감격한 표정으로 이야기한다. 하지만 강의를 듣는 학생들은 무표정하다. 문제는 교수와 학생 사이에 전혀 교감이 이루어지지 않는다는 점이다. 이러니 영문과, 나아가 인문대학이 망할 만하다는 생각이 든다. 외국 교수들의 증언들에 따르면, 전 세계 인문대학이 비슷한 처지에 놓여 있다. 하지만 다들 어쩔 수 없다고 생각한다. 이처럼 인간 탐구로서의 인문학은 사회가 인정하지 않으면 사회에서 후원받는 일을 기대하기 어렵다.

　초서가 중요하지 않다는 것이 아니라 분명히 중요하긴 한데, 초서를 아는 것만으로는 지금의 세상을 이해할 수 없다. 신문을 읽어도 수학 그래프, 도표 몇 개, 과학과 기술 이야기가 나오면 그냥 건너뛰고 가는 일이 계속되면서, 자기 힘으로 세상을 읽어내지 못하게 되었다. 현실의 데이터를 스스로 분석할 수 없는 상황이 계속되다 보니 이제 인문학을 오래 공부한 사람들의 이야기는 현실적으로 설득력이 별로 없다. 확장된 언어를 다룰 능력을 누구나 갖춰야 한다. 그런 점에서 확장된 언어 능력은 오늘날의 '핵심 공통 역량'이다. '핵심'은 그것을 꼭 알아야 한다는 뜻이고, '공통'은 예술을 하든 공학을 하든 경제를 다루든 모든 시민이 누구나 알아야 한다는 뜻이다. 그러니까 우리 모두가, 미래 세대 누구나가 꼭 알아야 하는 역량이 확장된 언어력이다.

초등학교에서는 실제로 확장된 언어를 배우고 있다. 교과목으로서의 수학이나 과학은 언어가 아니라고 생각할지 몰라도, 사실 수학이나 과학은 우리가 세상을 읽어내는 눈을 길러준다. 따라서 초등교육은 무의식적 차원에서나마 어느 정도 확장된 언어 교육을 실행하고 있다. 최근에는 확장된 언어 능력을 '학습 도구어' 혹은 '사고 도구어'라는 말로 표현하며 언어의 폭을 넓혀가고 있기도 하다. '도구어'는 수학이나 과학 분과에서 해당 어휘(기울기, 미분, 표준편차, 회절, 양자 얽힘, 촉매, 항상성, 자연선택, 세차운동, 커넥톰, 뉴런 발화 등)를 아는 것이 내용에 깊게 들어가기 위해 필요한 것이기도 하지만, 무엇보다 해당 내용을 이해하는 '출발점'으로 필수라는 뜻이다. 하지만 중등 과정 교과목의 분류가 대학의 전공 과목의 낮은 등급이나 예비 단계로 이해되는 경향은 여전하다. 달나라도 가고 인공지능도 만들고 유전자도 재조립하는 시대에 누구라도 수학과 과학을 모르면 안 된다. 어느 정도의 깊이까지 알아야 할지 사회적 합의가 필요하겠지만, 지금 시대에 누구나 알아야 한다는 점만큼은 명백하다.

오늘날 우리 대학은, 인문학은 무엇을 하고 있을까? 먼저 지적할 것이 있다. 스티브 잡스의 유명한 교차로 장면, '테크놀로지Technology와 리버럴아츠Liberal Arts'를 이야기할 때, 이 리버럴아츠는 아르테스 리베랄레스의 삼학사과를 아우르는 것으로 이해해야 한다. 이것을 그냥 '인문학'이라고 번역해 '인문학도 중요하다. 스티브 잡스가 이야기했다'라고 많이 써먹었는데, 순전히 거짓말이다. 실제로 잡스는 산술, 기하, 음악, 천문학에 해당하는 것까지를 포괄하는 전통을 강조했던 것이다. 그러니까 일곱 교과목과 기술이 합쳐져야 한다는 주장이다. 이런 상황이므로 교육 인문학(아르테스 리베랄레스)에 주목해야 한다. 리버럴아츠로서의 인문학은 현재성을 갖고 있다. 즉, 사회가 필요로 하고 사회에 효능감을 줄 수 있다.

그래서 '인간'이라는 주제 연구에 속하는 연구 인문학(스투디아 후마니타티스)과 교육을 위한 과목의 모임에 속하는 교육 인문학(아르테스 리베랄레스)을 구별하고, 교육 부분에 우선 집중해야 한다는 것이 나의 주장이다. 교육에서 핵심이 되어야 할 것은 언어력이다. 이 부분은 과거에도 두 가지 의미의 인문학이 공히 담당했던 영역이다. 세상과 인간을 읽고 쓰는 능력이 인문학을 통해 구현된 '좋았던 옛 시절'이 있었다. 앞서 언급했듯, 지금은 전통적인 언어, 좁은 의미의 언어, 자연어만 알아서는 세상을 읽고 쓸 수 없다. 확장된 언어가 세상을 구성하고 있는 언어다. 이걸 모르면 세상을 읽지도 쓰지도 못하니까, 언어다. 이 확장된 언어를 다룰 수 있는 능력인 확장된 언어력이 핵심 공통 역량이다.[9]

인문학의 위기나 지원과 관련한 논의에서 '연구'가 중심에 놓여서는 해법을 찾기 힘들다. 기껏해야 '쓸모'를 입증하고 '지원의 당위성'을 설득하는 구조에서 벗어나기 어렵다. 나는 스스로 자구책을 마련해야 한다고 본다. 그것은 전 국민을 상대로 한 교육이다. 인문학은 '교육'으로 사회에 기여하고 이에 합당한 경제적 보상을 받으면 된다. 그 후에 교육자 겸 연구자가 본인이 하고 싶은 연구도 병행하면 된다. 기초 연구니 사상의 토대니 문화 콘텐츠의 원천이니, 아무리 주장해도 소용없다. 사람들은 이런 이유로 돈을 주려고 하지 않는다. 구걸하는 데 실패하면, 돈을 스스로 벌어야 한다. 운이 좋다면 시민들이 돈을 퍼줄 수도 있겠지만, 적어도 내가 죽기 전까지 그런 일은 생길 것 같지 않다. 그래서 나는 직접 돈을 벌 수 있는 방안을 모색하는 데 집중해 왔다.

9 이 주제는 별도로 글을 쓴 바 있다. 『AI 빅뱅』 5, 6장 참조.

4. 확장된 인문학 교육은 재교육과 융합의 발판이다

전문성의 의미가 바뀌었다

현재 대학이 수행하는 중요한 기능이 연구인 건 분명한 사실이다. 그것이 학문의 전문성이다. 연구를 수행하고 담당하는 학자들과 또 앞으로 그것을 하겠다고 생각하는 사람들, 이른바 대학원생이나 학문 후속 세대,[10] 이들이 연구 단위로서 한데 모일 수 있다. 하나의 묶음으로서 이름을 부여받을 수도 있다. 그런데 가령 나처럼 철학을 연구하는 처지에서 솔직히 말하면 어학, 문학, 역사학 같은 학문과 한데 묶여 같은 단과대학에 속해야 할 이유를 찾기는 어렵다. 오히려 수학, 물리학, 생물학, 예술, 디지털과 더 가까이 있고 싶은 경우가 많다. 단과대학이 지금의 형태로 분류된 건 다분히 자의적인 측면이 상하다.

게다가 지금은 40~50년 전과 크게 다르다. 오늘날은 전문 소양을 갖추기 위해서는 반드시 대학원 과정을 거쳐야 한다. 과거에는 그렇지 않았다. 학부만 졸업해도 어느 정도 지식을 갖추고 있다고 인정받았고, 사회에서 지식과 기술, 재능을 사용할 수 있었다. 이른바 평생직장이 가능했다. 오늘날은 그렇지 않다. 결국 전문가로서 인정받

---

10 한국연구재단 인문사회본부장을 역임한 서울대학교 중문과 이강재 교수는 '학문 혁신 세대'로 부르자고 주장한다.

기 위해서는, 즉 1970년대~1980년대 수준의 전문가로 인정받기 위해서는, 대학원 과정의 훈련이 반드시 필요하다.

인구 구성을 보더라도 1980년대까지는 대졸자가 연령대마다 20퍼센트 남짓이었다. 오늘날 대학원을 다니는 학생 숫자보다는 조금 많았을지 몰라도, 실제로 전 인구 중에 엘리트 교육을 받은 건 당시 학부 졸업생들이었다. 70퍼센트 정도가 대학에 진학하는 지금의 상황에서는 인구 비율로 봤을 때 대졸자라고 해서 특별히 전문성을 갖고 있다고 여기기는 어렵다. 그래서 전문성을 얻거나 학문을 계속 연구하는 자격은 석박사 과정을 이수해야 겨우 주어진다고 봐야 한다.

실제로 오늘날 전문성의 의미도 다소 바뀌었다. 과거보다 지식의 양이 훨씬 늘어나고 연구해야 할 내용도 깊어졌기 때문에, 그 모든 것을 따라잡으려면 시간이 많이 필요하다. 이런 점을 고려했을 때 결국 분야를 막론하고 모든 전문 학문 연구는 다 어렵다. 난이도 면에서 공학과 자연과학 연구와 인문학 연구에 차이가 있다고 보기도 힘들다. 전문적으로 깊이 들어가는 데는 각자의 어려움이 있다(가령 수리 능력 또는 어학 능력). 어느 전공이나 깊숙이 들어갈수록 넘기 어려운 장벽과 깊이가 있다는 건 분명하다.

거칠게 말하자면, 학문 연구의 분류는 대체로 도서관의 분류와 궤를 같이한다. 즉, 도서관의 세밀한 분류 체계는 결국 학문 연구의 분류에 대응한다. 사실 그 어떤 전문 연구도 깊이 들어가면 범위가 좁아지기 마련이다. 따라서 (인문학뿐 아니라 모든) 학문 연구는 전문가의 활동으로 이해하는 것이 적절하다. 연구와 관련된 교육은 대체로 전문교육 단계(대학원 전공 이후)에서 유의미하다. 그 수준에 이르면, 아무나 교육하지 못하고 아무나 배우지 못한다. 이 단계에서는 연구와 교육을 분리하는 것이 무의미하다. 소수 전문가 집단 안에서 연구와 교육이 병행될 수밖에 없기 때문이다. 특히 오늘날처럼 전문 분야가 세분된 환경에서는 더더욱 그렇다.

한편, 교육이 연구와 별개로 이해될 수 있다는 점에도 유의하자. 지금까지 이루어진 과거의 연구 성과를 배우는 일과 관련해서는, 가령 교과서를 놓고 교습할 수 있다면 전문 연구자가 아니더라도 가르칠 수 있다. 또한 배우는 쪽 입장을 고려할 때도, 전문가의 길로 들어서기 전까지 습득해야 할 내용이 부적 많다. 더욱이 앞서 언급했듯, 고등교육 교육자가 교육자로서 훈련받지 않은 아마추어라는 점은 경악할 일이다. 자기 나름대로 교육 이론을 세우고 교수법을 습득해 교육하는 것이 오늘날 대학 교육의 실상이다. 이 점에서도 교육과 연구가 실제로는 별개로 운영되어 왔다는 점이 확인된다.

'교양 對 전공'의 이분법을 넘어 '공통 핵심 역량 對 전문 역량'으로

그렇다면 대학은 준비되어 있을까? 지금 대학에서 가르치는 시스템은 1960년대 가르치던 것과 크게 다르지 않다. 60년도 더 지났는데 거의 그대로다. 단과대학 시스템도 그렇고, 그 안에 있는 학과도 그렇다. 예전에 '산업 역군'을 길러내던 시대에는 인재를 키워 한 번 졸업시키면 대학에서 배웠던 것을 60세까지 써먹을 수 있었는데, 지금도 우리가 학생들에게 똑같은 교육을 시키는 것 아닐까?

대학 학부 혹은 고등교육기관에서는 무엇을 가르쳐야 할까? 결국은 한 인간으로서, 시민으로서, 인적 자원으로서 사회에 필요한 공통 핵심 역량을 갖춘 사람을 길러야 한다. 대학 졸업 후에 전문 연구자로서 살아가지 않으면서 사회생활을 하게 될 사람이 대부분이다. 그들이 시민으로서 훈련받는 건 꼭 필요하다. 그 기본에 해당하는 것을 '공통 핵심 역량'이다. 확장된 언어를 다루는 능력, 읽고 쓰는 능력, 즉 확장된 언어력이 모든 시민이 갖추어야 할, 그리고 앞으로 연구자가 되고자 하는 사람이 갖추어야 할 핵심 역량이다. 지금까지 충분히 주목받지 못했지만, 그것은 전문가가 되기 전에 꼭 이루어져야 하는 교육이기도 하다.

이렇게 되면 '교양'과 '전공'을 나누는 20세기적 구분 방식도 조금은 해소될 수 있다. 당시에는 보통 3, 4학년 때 전공을 이수했다. 전공을 배우기 전에는 꽤 많은 '교양' 과목을 들어야 했다. 그런데 교양은 아주 오랫동안 '물 탄 전공' 혹은 '희석된 전공' 취급을 받아왔다. 엘리트로 살아가기 위해서는 다른 전공도 조금 맛을 보아야 한다는 뜻이었으리라. 그러고는 고학년이 되면서 자기 전문 영역을 공부한다는 식으로 생각해 온 게 사실이다. 그런데 '오늘날도 여전히 그런 구분법이 유효하고 적절할까?'라는 의문이 제기될 수 있다.

사실 '교양 대 전공'의 구분은 산업화 시대 교육에서는 어느 정도 일리가 있었다. 앞서 언급했듯이 이른바 '전공' 역량이 그다지 깊지도 세분화되지도 않았던 까닭이다. 오늘날은 어떨까? 대졸 신입사원이 바로 일할 수 있는 일터는 별로 없다. 오히려 대졸 신입사원에게 중요한 일을 맡기는 기업은 망하기 직전 아니냐는 우스갯소리가 있을 정도다. 따라서 오늘날 '교양 대 전공'의 이분법은 부적합하고 나아가 해롭기까지 하다. 요즘에는 '교양대학'이나 '학부대학'과 같은 이름으로, 저학년 교양 교육의 혁신을 추구하는 과정이 많이 연구·개발되고 있다. 그러나 '교양대학'이나 '교양'이라는 명칭에 구속되는 한 한계는 분명하다.

과거의 방식으로 4년제 대학을 졸업하고 대학원에 진학하는 식으로 구분할 게 아니라, 학부 과정 전체를 2년 반에서 3년 정도로 줄여볼 수 있다. 탄력적으로 운영하면 된다. 지금도 통합 과정은 많이 시도되고 있다. 그 앞단에서는 중고등학교까지 포함해 공통 핵심 역량을 교육해야 한다. 시민이라면 누구나 확장된 언어력을 갖추게 해야 한다. 대학을 졸업하면, 원하는 사람에게 직업을 위한 전문교육이나 연구자와 교육자가 될 사람을 위한 전문교육을 제공하면 된다.

나는 '교양 대 전공' 이분법의 대안으로 '공통 역량 대 전문 역량'

의 구별을 제안한다. 전문 역량 교육은 연구와 교육이 구별되지 않는 전문교육 과정이 담당해야 할 것이다. 대학원 과정 이후가 여기에 해당한다. 그 전까지의 교육은 '공통 역량'에 집중해야 하며, 확장된 인문학은 '공통 핵심 역량'의 교육 활동으로 이해해야 한다. 지금 우리의 대학이 지향하고 추구하는 방향은 과거처럼 다음 세대 교수를 육성하는 형태인 것이 현실이다. 하지만 누구나 연구자가 될 필요는 없다. 그래서 공통 핵심 역량을 갖춰 세상을 읽고 쓰는 훈련이 필요하다. 과거에 인문학 교육이 그 일을 했었으니까 그걸 '확장된 인문학'이라고 부르면 좋다.

그렇다고 전문성을 간과해도 좋다는 말은 아니다. 오히려 전문성은 더 강조되어야 한다. 현대 문물을 구성하는 모든 것은 이미 상당한 전문성을 바탕으로 건설되었기 때문에, 좋은 방향으로 유의미한 변화를 이루어 내려면 전문성을 충분히 갖추어야 한다. 가령 흔히 인문대학 혹은 문과대학을 구성하는 언어, 문학, 역사, 철학 등 개별 전문 학문은 나름의 전문성이 있다. 연구 인문학의 역할은 여전히 남아 있다. 이들 각 분과도 아주 세분되어 있으며, 사실상 세분된 전문 영역을 이해하고 연구하는 일은 같은 '학과'에 속해 있더라도 이해하기가 꽤 벅차다. 대학 구성원이라면 모두 동의할 수밖에 없는 진실이다. 철학만 해도 동양(한국, 중국, 인도 등)과 서양(고대, 근대, 현대 프랑스, 독일, 미국 등)의 각 시대와 주제는 서로 넘나들기 어려울 정도다. 인문대학 다른 학과도 사정은 비슷하다. 따라서 어차피 학문 연구와 전문교육은 각 학과의 숙제일 수밖에 없다. 그렇다고 전문 학문 연구에 사회적 지원이 필요하지 않다는 건 아니다. 이런 연구가 학계와 교육 현장과 사회로 환류할 수 있도록 해야 한다. 이 점을 유념하면서 확장된 인문학을 '교육 단위'로 이해하는 것은 꼭 필요하다. 이는 리버럴아츠의 전통을 되살리기 위한 좋은 출발점이기도 하다.

확장된 인문학, 누가 가르칠 것인가

확장된 언어력을 가르치는 것이 확장된 인문학 교육이라고 본다면, 사실은 할 일이 굉장히 많다. 그리고 인문학 교육을 담당하는 사람이 전통 인문학 연구자만이 아니라, 수학자, 과학자, 예술가, 디지털을 다루는 사람까지 일정 부분 역할을 함께 할 수 있다. 이것이 앞으로 우리 교육뿐 아니라 전 세계 교육이 당면한 과제라고 생각한다.

그런데 역설적인 상황이 있다. 지금의 대학교수들은 교육학을 배우거나 교육 실습을 받지 않았다. 교육자로서의 훈련을 받은 적이 거의 없다는 말이다. 사범대학이나 교육대학을 제외하면, 그냥 괜찮은 선배 교수들, 스승들로부터 받은 교수법을 혼합하고 응용하는 식으로 가르치는 실정이다. 이런 상황이 너무 오래 지속되어 왔다. 어처구니가 없을 정도로 모순된 시스템이다.

연구 기관으로서의 대학 안에서 종사하는 연구자인 교수나 박사는 나름 제 역할을 하고 있다. 과거에 자기가 훈련받았던 것을 더 전문적으로 수행하고 있다. 하지만 대학 제도의 절반 이상이 교육인데, 교육 영역으로 눈을 돌리면 정말 주먹구구식이다. 비전문가도 이런 비전문가가 없다. 외국도 사정은 크게 다르지 않다. 지금의 대학은 교육기관으로서 사회적으로 중요한 역할을 담당하고 있지만, 실은 비전문가들에게 맡겨진 셈이다. 대학원생 대상으로 전문교육을 하는 일은 상대적으로 쉬운 편이다. 하지만 이른바 일반 학부생을 가르치는 일은 굉장히 어렵다. 그래서 교수법 등을 더 고민할 필요가 있다.

확장된 인문학 교육에 교육자로서 참여하는 전문가들은 아주 다양한 분야의 연구자를 겸하고 있고 겸할 수 있다. 가령 수학과 교수도 인문학을 가르치는 셈이다. 왜냐하면 수학이라는 언어 중에 누구나 알아야 할 필수적인 부분을 꾸리고 모아서 가르치니 말이다. 물리학과 교수, 생물학과 교수, 컴퓨터공학과 교수, 경제학과 교수, 회화과 교수, 작곡과 교수도 다 마찬가지다. 이들이 어떻게 커리큘럼을 잘 짜서 가르치느냐가 새로운 과제로 떠오른다. 이 과정에 전통 인문학이 주도적인 역할을 할 수 있지 않을까 기대할 수 있다. 독단으로 간다는 뜻은 아니다. 인문학이 과거에도 언어력 교육을 담당했기 때문에 학문에 녹아들어 있는 그 전통을 잘 활용할 수 있지 않을까. 과거에 영어나 중국어를 교육할 때 사회적으로 수행했던 역할을 상기해 현재화하는 작업이 필요할 테고, 그것을 확장된 언어력 훈련 과정에 도입할 수도 있다. 그러면 현재 쪼그라들어 있는 인문학이 재기할 수 있지 않을까 기대해 보게 된다.

이공계 학생들은 자연어로 된 글과 문화·예술 소양이 너무나 부족하고 배울 기회도 없다. 반대로 인문계 학생들은 더 말할 것도 없어 수학은 물론 과학과 기술은 몰라도 된다는 식으로 가고 있다. 그래서 고등교육을 받고, 나아가 대학원을 졸업하고 나서 서로가 서로에 대해 이해하지 못하고 말이 통하지 않는 결과를 낳았다. 특히 현대사회에서는 수학과 과학과 기술이 필수인데, 지금까지 우리는 무책임하게도 다음 세대 인구의 절반에게 그것들을 배우지 않도록 은근히 강요했다. 문이과 구분이 문제의 주범이다. 빼기식 교육을 극복해야 한다. 모든 학생을 어느 정도 수준까지 동등하게 훈련하는 과정을 거치면, 아무래도 교육자 수요가 늘어날 테고 인문학에도 분명히 보탬이 될 것이다. 학생들은 지금보다 더 많은 시수를 배우는 데 투자해야 할 것이다.

지금 죽어가는 인문학의 핵심은 학문 후속 세대의 단절이다. 한마디로 인문학 분야의 연구자들이 사라지고 미래의 교육자가 공급되지 않으면서 20년쯤 후에는 가르칠 사람 자체가 멸종한다는 전망이 나온다. 지금의 교수 세대가 은퇴하고 나면 가르칠 인력이 소멸한다. 연구자 재생산이라는 순환 고리가 제대로 작동하지 않는다는 것이 인문학 위기의 핵심이다. 학문 후속 세대에 비하면 직장을 가지고 인문학 대학에 종사하는 정규직들의 고민은 사치스럽기까지 하다.

만약에 확장된 인문학 교육이 도입되어 모든 학생이 공통 핵심 역량을 배우면, 학문 후속 세대는 안정적인 생계가 보장될 수 있고, 이들이 연구를 병행함으로써 전통 인문학 과목들도 계속 연구될 것이다. 좋아하는 일을 하면서 기본적인 생계를 꾸릴 수 있는 수준의 경제 규모만 유지되면 인문학 연구도 충분히 할 만하다.

확장된 언어력과 전문성의 조화: 두 가지 기대 효과

나는 어떤 연령대에 어떤 교육이 필요한지에 관한 과학적 연구와 사회적 합의가 필요하다는 점을 강조하고 싶다. 어떤 분야든 전문 지식과 기능을 학습하는 데 필요한 기초 역량이 있다고 본다. 확장된 언어력과 소통 능력이 그 중심에 있고, 그 밖에 중요한 다른 요소들도 있을 것이다. 타인과 관계 맺는 능력, 인간과 자연에 대한 이해, 지구와 미래를 생각하는 안목, 인류 공동체에 대한 의식, 정치적 의사결정 능력, 말과 글로 자기 생각을 표현하는 힘 등 목록은 계속 확장될 수 있다.

이를 간과한 융합 인재 교육은 어불성설이다. 거듭 강조하지만, 융합 인재는 결과물일 뿐 목표가 아니다. 목표는 방금 열거한 능력을 갖추도록 교육하는 일이다. 자립한 인간, 민주적 시민, 사회에 필요한 인재 등 교육의 3중 과제가 달성되어야 한다. 더 정교하게 말하면, 이런 개인을 되도록 많이 길러내는 것이 한 사회의 교육 목표다. 그러면 자연히 융합의 결과를 빚어내는 개인도 많아질 것이다.

지금 시점에서 가장 필요한 것은, 융합의 본질과 개념을 잘 정립하고, 융합의 방법이나 발생 조건이 무엇인지 파악하고, 더 나아가 이를 교육과정 속에서 실현하는 일이다. 적절하게 설계하면, 기존 전문 분과의 저항은 비교적 크지 않을 것이다. 모두에게 이익이 된다는 확신만 있다면 굳이 거부할 이유는 없을 것이기 때문이다.

미래 세대가 확장된 언어력 교육, 핵심 역량 교육을 받으면 다음의 두 가지 효과를 기대해 볼 수 있다.

1) 교육과 재교육 혁명: 첫 번째 기대 효과로 교육과 재교육의 혁명을 기대할 수 있다. 요컨대, 학습 능력 자체가 길러진다. 인생 초반에 무언가를 배우는 능력, 즉 메타 스킬을 익혀놓아야 한다. 보통 기초적이고 핵심적인 역량 교육은 대학 교육에서 거의 끝나는데, 그때가 20대 초반이며, 뇌 성장이 끝나는 시기기도 하다. 그 뒤에는 뭘 배우려 해도 머리가 굳어 잘 안되고 시간과 노력도 훨씬 더 소모된다.

100세 시대에 앞으로 미래 세대는 인생에서 8~10회 정도 직업이 바뀔 것이라는 미래학자의 주장도 있다.[1] 미래학자는 과장이 좀 심하니까 완화해 받아들이면, 다섯 번쯤 직업을 바꾸고 새로운 업무를 익혀야 한다는 뜻이다. 그러니까 평생에 걸쳐 재교육이 계속 필요하다는 말이다. 일정 기간 연수나 재교육을 받고 직업을 바꾸는 일이 반복될 것이다. 60세면 은퇴하던 산업화 시대 방식과 한번 배우면 평생 써먹을 수 있는 지식과 기술을 고집하는 건 곤란하다. 기대 수명이 늘어난 것도 있지만, 기술 발전의 숨 가쁜 속도로 인해 직장을 바꿔야만 하는 급변하는 상황도 자주 찾아올 것이다.

만약 어린 시절부터 20대 초반까지 학습 체력을 길러놓지 않았다면, 재교육이 불가능하며 지금껏 해왔던 일과 다른 종류의 일은 할 수 없게 된다. 우리가 여태까지 받은 식의 교육으로는 안 된다. 중2 때 '수포자'는 문과 가고 '언어맹'은 이과 가는 식이면 폭넓은 재교육이 어려워진다. 재교육이 가능한 분야가 매우 제한되는 것이다. 따라서 언제든 재교육을 받을 수 있도록 성인이 되기 전에 학습 체력을 길러줘야 한다.

재교육을 받을 수 있으려면 기초 학습 체력이나 학습 역량에 해당하는 핵심 공통 역량이 필요하다. 사라지는 직업에 대해서 사후적으로 기본 소득으로 보전해 주자는 이야기도 나오지만, 어렸을 때 학습 역량을 더 적극적으로 키워놓으면 나중에 새로운 것을 배우려고 할 때 충분히 배울 역량을 갖추게 될 것이다. 분명 성취도에서 개인

---

11 김도윤, 「미래학자 토머스 프레이 "8시간 근무보다 단편 일자리 많아질 것"」, 《연합뉴스》, 2023년 6월 28일.

차가 생길 수 있다. 하지만 공교육의 목표가 무엇이겠는가? 최선의 교육과정을 제시한 후, 개인별 눈높이를 잘 맞춰주는 것이 뒤따라야 한다.

어릴 때 악기를 배워놓으면 몇십 년 동안 연주를 안 하더라도 나중에 금방 살아난다. 뇌가 말랑말랑할 때 배운 것일수록 지속하는 힘이 있다. 핵심 공통 역량도 이와 비슷하다. 뭔가를 몸에 배도록 습득하고 학습할 수 있는 시기가 있고, 그다음에는 뭘 배우려 해도 잘 안되는 시기가 있는데, 학습이 잘되는 때까지는 최대한 익힐 수 있게 해주자는 것이다. 지금의 주장은 당연히 입시라는 현실을 거의 무시하고 있다. 과연 지금 우리가 다음 세대의 미래를 책임질 수 있는 교육을 하고 있는 걸까? 지금은 수능으로 입시를 치르는데, 수능 공부가 아이들의 미래 역량을 충분히 훈련하는 과정일까? 대학 가는 네까지는 좋다고 쳐도, 그런 식으로 공부해서 앞으로 뭐가 될 수 있을까? 입시보다 중요한 것이 개개인의 성장과 미래다. 그런 역량을 키워주면 분명히 도움이 된다. 성장이 멈추는 20대 초반까지는 핵심 공통 역량을 습득할 수 있다. 그때 충분히 습득시켜 놓으면 한참 뒤에도 재교육이 가능하다. 최소한 새로 등장한 것에 겁내지 않고 뛰어들어 볼 용기가 생긴다.

꼭 인공지능 때문이 아니더라도 역사를 보면 사라지는 직업과 새로 생겨나는 직업 사이의 '과도기'와 '전환기'가 항상 존재했다. 핵심 공통 역량은 과도기를 버텨 전환에 성공하게 만드는 힘이다. 1장에서 언급한 사례(네이버 웹툰, 게임 일러스트, 인공지능 성우 등)가 그런 상황을 대변한다. 생성 AI가 중급 수준의 창작을 위협하는 건 분명하다. 게티이미지나 픽사베이 수준의 이미지라면 AI로 충분히 대체되고 실직할 수밖에 없다. 최근의 논란은 결국 '과도기' 혹은 '전환기' 현상으로 해석해야 한다. 자신이 잘 모르는 새로운 창작 도구가 나오면 창작자는 일단 움츠러들기 마련이다. 사진이 처음 등장했을 때도 그랬다. 잘 알다시피, 주로 초상화를 그려 먹고살던 화가들은 밥줄이 끊겼다고 절망했다. 이들은 역사의 뒤안길로 사라졌다. 하지만 다른 길을 찾은 화가들도 있었다. 이들은 또 다른 신기술인 튜브 물감을 들고 야외로 나가 작업했으며, 결국 미술의 새로운 경향을 발명했다. 바로 '인상주의'를 필두로 한 현대미술이 시작된 것이다. 미래의 시점에서 과거를 돌아보면, 사진의 등장은 미술의 본질을 더 깊게 성찰하는 계기가 되었다. 만일 사진이라는 기술에 좌절하고 기존 기법에 머물렀다면 새로운 미술은 등장할 수 없었을 것이다. 그러나 튜브 물감이라는 새로운 기술로 갈아탄 화가들은 새롭게 미술을 시작할 수 있었다.

준비되지 않은 사람에게 이러한 재교육은 어렵다. 변화의 시기에 버텨낼 힘이 갖춰져 있어야 한다. 새로운 상황이 닥치면 재교육을 받아야만 한다. 지금까지 자기가 종사해 왔던 것과는 상당히 다른 영역에서 직무를 습득해야 한다. 이를 위한 기초 능력이 없을 때는 말 그대로 커리어가 끝나고 더 넓게는 자기 인생도 끝나는 위기에 처할 수밖에 없다. 그래서 새로운 것을 배울 수 있는 학습 체력과 핵심 역량을 어린 시절에 잘 습득해야 한다. 필요한 능력이 무엇인지 잘 따져서 그걸 가르쳐야 한다.

2) 융합 작업의 토양 마련: 두 번째 기대 효과로 교육 현장에서 늘 이야기하는 융합 작업이 가능해진다. 시대의 화두인 융합 인재를 기를 수 있게 된다.

1장에서도 지적했지만 융합과 관련해서 지속적인 성공 사례가 보고되고 있으며, 스티브 잡스의 아이폰 말고는 융합의 성공 사례를 잘 떠올리기 힘들다. 이는 융합의 방법을 잘 모른다는 징표다. 실패한 까닭도 융합에 대한 접근이 잘못됐기 때문이다. 융합이 무엇이냐에 대한 논란도 분분하다.

대체로 기성세대는 체계적으로 융합 교육을 받아본 적이 없다. 개인적인 연수는 좀 받아봤을지 모른다. 그러나 연수를 진행하는 강사까지 포함해 대부분의 사람은 융합 교육을 받아본 적이 없고 그래서 잘 가르치기도, 직접 잘 해내기도 매우 어렵다. 나아가 융합 인재를 길러내겠다는 것도 거의 그냥 말장난에 불과하다. 자기도 못하는데 어떻게 남을 가르치겠는가.

무엇보다도 정의를 잘해야 한다. 융합은 서로 다른 영역에 있는 최고 전문가들의 협업이다. 서로 다른 영역의 전문가들이 만나야 새로운 불똥이 튈 수 있다. '협업'이 아니면, 자기 생각 안에 갇힌 채 머물게 된다. 그렇다면 누가 협업해야 할까? 결국은 자기 분야에 조예가 깊은 전문가의 협업이어야 한다. 영역과 분야가 다른 전문가들의 만남이어야 한다. 그래야 평생 생각해 보지 않던 것을 상대방이 제공할 수 있다. 서로 간에 튀어나오는 불꽃, 이것이 융합의 출발점이다. '최고 수준의 전문가'가 만나지 않으면, 그저 고만고만한 결과밖에 나오지 않는다. 만약 수준에 못 미치는 사람들이 만나서 협업하면, 만나서 좋은 친구가 될 수는 있겠지만 뛰어난 결과물은 기대하기는 어렵다. 따라서 최대한의 전문성을 가진 사람들이 만나야 한다. 그래서 융합은 협업의 '산물'이다.

그동안 최고 전문가의 협업이 시도되지 않은 것도 아니다. 문제는 지금까지 성공 사례가 별로 없다는 것이다. 시도는 정말 많이 해봤다. 그런데 왜 성공하지 못했느냐? 말이 안 통했기 때문이다. 비유가 아니다. 진짜로 말이 안 통한다. 아마 해본 사람들은 잘 알 것이다. 기업에서도 정부에서도 대학에서도 서로 다른 영역의 전문가들을 어떻게든 수소문해 한데 모아놓기는 했는데, 이 안에서 말이 안 통했다. 살면서 서로 너무 오랫동안 다른 언어로 말해왔기 때문이다. 어찌어찌해서 기회가 만들어져 강제로 만나기는 했는데, 서로 사용하는 용어가 완전히 다르고 말의 의미도 전혀 다르다. 맨날 시시콜콜한

골프 이야기, 주식 이야기, 부동산 이야기만 하고 만다. 할 수 있는 이야기가 그것밖에 없다. 3~5년의 협업 프로젝트 끝나고 나서 뒷풀이 자리에서 터놓고 말하는 과정에서야, "당신이 그때 했던 말이 그런 뜻이었나?" 하면서 겨우 이해했다는 증언도 많다. 물론 프로젝트는 실패한 후다. 이런 상황이 계속 되풀이되었다. 융합 프로젝트를 해도 대부분이 실패한 이유가 그런 데 있다. 그러니까 제대로 된 융합 실험을 해본 적이 없다는 뜻이다. 스티브 잡스는 확장된 언어 능력으로서의 인문학이 바탕에 있어야 융합이 가능하다는 점을 알고 있었다. 저 유명한 연설에서 '리버럴아츠', 즉 확장된 인문학을 강조하지 않았던가? 그런 점에서 잡스는 남다른 면이 있었다.

사람들은 대개 융합의 결과에만 주목한다. 결과물은 성공 여부를 알려준다. 그렇다면 어떻게 융합이 이루어질 수 있을까? 대개는 융합을 수행한 개인에게 주목해 '천재'라는 수식어를 붙인다. 나아가 그 천재가 수행한 작업의 특성을 사후에 분석한다. 하지만 천재적인 개인만 소환한다면 그건 그저 하늘의 뜻에 맡긴다는 정도의 의미일 뿐이다. 천재를 소환하면 융합은 '보편적 작업'보다 예외적 사건으로 바라볼 위험이 있다. 중요한 건 융합이 이루어질 수 있는 '환경'과 '조건'을 조성해 융합 작업이 실험될 수 있게 북돋는 일이다. 본디 융합은 '협업'이며, 다양한 물길이 한데 모이는 일이다.

한 20세까지 공통 핵심 언어를 익혀놓고 나면, 그 후에 10~15년 전문가의 길을 가다가 다시 만났을 때 대화가 가능하리라고 기대할 수 있다. 그러니까 지금 우리가 할 수 있는 일은 융합 인재를 기르는 것도 융합을 가르치는 것도 아니라, 토양을 만들고 씨를 뿌리는 정도까지다. 이런 여건을 만들어 주면 다음 세대, 미래 세대는 여기저기서 융합 작업을 할 수 있다. 확장된 언어 능력이 성공의 비결일 테니까. 기성세대는 그런 실험이 성공할 수 있도록 토대를 고민하고 그 방향으로 나아가야 한다.

전문가가 공유하는 언어와 경험이 있으면 협업이 이루어질 수 있다. 그저 모아놓기만 해도 뭔가 일이 벌어질 수 있다. 융합은 한 사람이 하는 게 아니라 여러 사람이 대화하고 소통할 때 가능하다. 이런 협업을 위한 기초가 바로 확장된 언어력이다. 확장된 언어력 없이 다른 분야의 조언을 구할 수 없다. 소통의 어려움 때문이다. 이 능력을 갖추는 일이 예외적 개인에게 다소 우연히 일어났기 때문에, 그동안은 천재를 기다릴 수밖에 없다고 생각했다. 하지만 개인이 아니라 시스템으로 접근해야 하며, 시스템 역량을 키워야 한다. 시스템이 작동할 수 있도록 소통의 토대를 마련해야 한다.

3) 추가 기대 효과와 미래 세대에 대한 희망: 인문학을 학문 연구 분류와 교육 분류로 구별하고, 교양 대 전공의 이분법을 넘어 공통 핵심 역량을 길러주는 활동으로 이해하면, 새로운 지평에서 디지털 시

대의 인문학을 논할 수 있다. 글쓰기도 종래의 글쓰기에 한정될 필요는 없다. 확장된 언어력에 대응하는 확장된 글쓰기로 나아가야 한다. 즉, 자기 생각과 아이디어를 확장된 언어로 표현할 줄 알아야 한다.

이 접근은 인문학을 오랜 '위기' 상황에서 벗어날 수 있게 해준다는 파생 효과도 있다. 인문학의 위기는 학문 후속 세대가 더 이상 인문대학 대학원에 진입하지 않는다는 사실과 관련 있다. 말하자면, 학문 연구의 대가 끊김으로써 교육 인력도 함께 사라지리라는 전망과 이어진다. 그러나 확장된 인문학은 많은 교수자 수요를 창출하며, 또한 교육과정 운용에서도 핵심적 역할을 할 것으로 기대된다. 나아가 교육 인문학이 사회에 기여한다는 점이 분명해질수록, 인문학에 대한 시민사회의 인식 개선을 시작으로 연구 지원 확대까지 기대해 볼 수 있다.

이런 좁은 전망을 넘어, 확장된 인문학 교육은 새로운 시대에 부응하는 교육 모델을 인류에게 제시하는 것도 가능하다. 이것이 생성 인공지능의 도전에 응수하는 확장된 인문학 교육의 길이다.

결국 다시 교육의 문제로 돌아온다. 젊은 학생에게 무엇을 어떻게 교육해야 줄기세포의 능력이 길러질 수 있을까? 확장된 언어력을 길러주어 소통의 기반을 마련하는 일은 교육 내용 중 하나에 속한다. 다윈은 훌륭한 사례를 제공했다. 여기에 더해 무엇이 더 필요할까? 구체적 교육 내용과 방법을 제안하기에 앞서, 나는 더 중요한 것으로 미래 세대에 대한 희망을 주장한다.

융합에 대한 하향식 접근은 결국 기성세대인 전문가의 발상이다. 그러나 기성세대는 이미 굳을 대로 굳은 상태인데, 어떻게 다시 자기를 해체해 융합할 수 있겠는가. 나는 몹시 회의적이다. 이런 일은 새롭게 자라나는 미래 세대가 할 수 있으며, 그에 어울리도록 교육해야 한다. 기성세대의 역할이 없지도 않다. 자기가 잘하는 것을 교육하면 된다. 다만 그것'만' 교육해야 한다고 주장하는 건 피해야 한다. 미래 세대에게 줄기세포의 지반을 교육한다면, 10년도 채 지나지 않아 다채로운 결과물이 나오기 시작할 것은 분명하다. 과거에 기성세대가 받았던 교육은 모두 잊고, 변종 세대를 길러야 한다. 모든 걸 자기가 해야 한다는 생각도 기성세대의 오만이다. 기존의 교육과정을 고수하려는 것 역시 기성세대의 욕심이다. 자기가 못하는 지점을 인정하고, 미래 세대에게 대폭 양보해야 한다. 이것이 미래 세대에 대한 희망이다.

나가며

공동주의와 공동 뇌

우리가 오래 알고 지내던 세계가 달라졌다. 나는 코로나19를 겪으면서 새롭게 도래한 세계를 '뉴노멀' 시대로 규정하고, 우리에게 앞으로 필요한 사상이 무엇인지 모색했다. 그 사색의 시도가 『뉴노멀의 철학』(2020)이다. 기후 위기, 자원과 에너지 문제, 불평등 심화, 민주주의의 위기, 부문별 갈등 격화 등 현재 전 지구적으로 일어나는 초유의 문제들은 서양 근대를 뒷받침해 온 사상적 토대를 뿌리부터 뒤흔들고 있다. 나는 원자적 개인주의에 바탕을 둔 자유주의와 시장주의, 제국주의의 침략적 식민주의가 서양 근대의 사상적 토대와 양립할 뿐 아니라 그와 상보적·상생적 관계에 있다고 진단했다. 이런 문제를 해결할 수 있는 돌파구는 식민 침략 희생자들의 동맹으로 이해될 수 있는 탈식민성decoloniality과 개인들의 근본적인 공동성에 입각한 공동주의commonism로부터 모색될 수 있을 것으로 기대했다.

이번 책은 공동주의라는 발상에서 한 걸음 더 내디딘 중간 보고서의 성격을 띤다. 저번 책 출간 후에 공동주의가 공산주의commu-nism와 어떻게 다른지 질문을 받기도 했다. 역사적 공산주의는 어원과 의미 면에서 공동주의와 별반 다르지 않다. 하지만 개인주의에 대한 안티테제의 성격을 여전히 지니고 있다는 점에서, 역사적 공산주의가 실패로 입증되었다는 점에서, 공산주의는 부족한 용어라고 생각했고, 굳이 공동주의라는 용어를 찾게 되었다. 이번 책에 도입한 '공동뇌'는 공동주의를 뒷받침하는 데 유용할 것으로 기대된다.

공동 뇌는 외화된 생각, 물질화된 생각의 총체다. 근대적 개인은 이동의 단위인 몸과 그 몸 안에 있다고 여겨지는 '나의 생각'으로 이루어져 있다. 몸이 물질 세계와 연동되어 있다는 아이디어는 스피노자나 마르크스를 비롯해 유물론자들이 잘 밝힌 바 있다. 하지만 '나의 생각'이라는 내면은 무의식이 발견된 후에도 끈질긴 생명력을 유지해 왔다. 하지만 모든 생각은 잠재태로 존재하기 때문에 외화되고 물질화되어야 실재할 수 있다. 나의 속마음은 일차로는 내적 기억으로 간직됨으로써, 그러나 물질 미디어에 기록됨으로써 오래 유지될 수 있다. 하물며 나의 생각이 타인에게 전달되려면 반드시 물질 미디어를 거쳐야 한다. 음성이든, 몸짓이든, 문자든, 형태든, 색이든, 그 어떤 외화된 기호 형태로든, 생각은 내면의 외부에 자리잡아야 한다.

그래서 나는 생각은 내 '안'에 있는 것이면서도 개인들 '사이'에 있어야 한다고 주장했다. 그것은 사람들 사이에 있는 섬과 같다. 그 섬이 바로 공동 뇌다.

그렇다면 공동 기억, 공동 생각, 공동 지능이 아니라 굳이 공동 뇌라고 한 까닭은 무엇인가? 인류는 진화의 초기 단계부터 개인 뇌가 아니라 집단 뇌 수준에서 성립했기 때문이다. 유전적 소질에 힘입어 개인 뇌의 용량이 커지고 기능이 향상된 것은 사실이지만, 그것이 참된 의미를 발현한 것은 정작 집단 내 모든 개인 뇌의 협동을 통해 외장 기억 혹은 문명이 형성됨으로써다. 만일 새로 태어난 개인이 처음부터 유전적 능력을 발휘해 살아가야 했다면, 문명의 성립은 물론이거니와 문명의 발전도 없었을 것이다. 개인은 태어나면서부터 빠른 속도로 공동 뇌를 흡수한 후에 문명의 높이 위에서 자신의 능력을 발휘할 수 있었다. 고인류학자, 고고학자, 인류학자의 연구는 이 점을 잘 보여준다. 인간은 처음부터 집단으로 창의적인 종이었다.

공동 뇌를 강조한다고 해서 개인 뇌의 역할이 부정되지는 않는다. 공동 뇌는 잠재태와도 같아서 개인들의 뇌로 환류해 현행화하지 않으면 의미가 없다. 가령 지구상에 모든 개인이 사라진다면 공동 뇌는 없는 것과 마찬가지다. 개인들의 뇌는 공동 뇌가 활성화되고 구현되는 몸과도 같다. 이 점에서 공동 뇌가 개인들과 동떨어져 독자적으로 존재할 수 있다고 말하는 것은 온당치 않다. 공동 뇌는 시간과 역사를 통해 구체적 개인들로부터 형성되었다. 공동 뇌가 스스로 진화하는 일은 있을 수 없다. 개인들의 뇌와 공동 뇌 사이의 역동적 교류를 놓치면, 전체주의의 망령이 되살아날 위험이 있다.

공동 뇌는 '나'가 '나'일 수 있는 자원은 '공동 뇌'임을 확인한다. 내가 공동 뇌에 기여하는 몫은 공동 뇌에서 얻는 것과 비교할 수 없을 정도로 작다. 나는 공동 뇌에 얹혀 살아가는 존재다. '자아'나 '개인'은 애초에 작은 존재다. 오늘날 비대해 있는 과잉 자아의 거품은 충분히 꺼져야 한다. 애초에 자아라는 고집부터가 망상이다.

인간은 자신의 죽음을 의식할 수 있는 유일한 존재다. 자신이 죽지 않을 수 있을 것처럼 버티거나 외면하는 이들도 많다. 하지만 아무 소용없다. 언젠가는 죽음을 의식하지 않을 도리가 없다. 죽음을 의식하면 어떤 행동을 하게 될까? 죽기 싫다고 울부짖어 봐야 부질없다. 오히려 잘 죽는다는 것이 무엇인지 생각하고 행동으로 옮겨야 할 것이다. 잘 죽는다는 것은 잘 산다는 것과 동의어다. 잘 산다는 것은 사는 동안 잘 산다는 뜻이다. 고대 원자론자들이 잘 통찰했듯, 죽음은 삶에 끼어들지 못한다. 살아 있는 동안에는 죽음이 없고, 죽으면 죽음을 인지할 존재 자체가 아예 없다. 자신의 죽음을 잘 의식하면 죽음이란 없다는 깨달음에 이른다. 그렇다면 삶만 있다는 말인데, 그 삶을 어떻게 만들어 갈지는 전적으로 자신에게 달려 있다. 공동 뇌에 더 많이 보태는 삶도 권할 만하지 않을까?

참고문헌

게일, 에드윈(2020/2023), 『창조적 유전자: 풍요가 만들어낸 새로운 인간』, 노승영 역, 문학동네.

곽노필(2024), 「'요즘 젊은 것들은 버릇 없어'…2천년 반복된 '착각', 데이터로 확인」, 《한겨레》, 2024년 6월 27일.

권경휘(2015), 「로크의 재산권 이론」, 《법철학연구》 18:3.

김경희(2019), 『미래의 교육』, 손성화 역, 예문아카이브.

김광웅 엮음(2009), 『우리는 미래에 무엇을 공부할 것인가』, 생각의나무.

김광웅 엮음(2011), 『융합학문, 어디로 가고 있나?』, 서울대학교출판문화원.

김도윤(2023), 「미래학자 토머스 프레이 "8시간 근무보다 단편 일자리 많아질 것"」, 《연합뉴스》, 2023년 6월 28일.

김재인 외(2020), 『인문사회와 인공지능(AI)의 융합연구 지원방안』, 한국연구재단.

김재인 외(2021), 『뉴리버럴아츠(A New Liberal Arts) 인문학의 정립: 뉴노멀 시대 한국 인문학의 길』, 경제인문사회연구회.

김재인(2017), 『인공지능의 시대, 인간을 다시 묻다』, 동아시아.

김재인(2020), 『뉴노멀의 철학』, 동아시아.

김재인(2021), 「들뢰즈: 생각에 대한 새로운 상과 예술가적 배움」, 『이성과 반이성의 계보학』, 철학아카데미 지음, 동녘.

김재인(2021), 「들뢰즈와 과타리의 철학에서 앙드레 르루아구랑의 '손놀림과 말'의 역할」, 《문학과영상》 22.

김재인(2021), 「인공지능 시대, 창의성 개념의 재고찰」, 《예술영재교육》 6.

김재인(2022), 「공동주의를 향해: 뉴노멀 시대에 행성적 거버넌스를 모색하다」, in 백혜진 외, 『호모 퍼블리쿠스와 PR의 미래』, 한울.

김재인(2023), 『AI 빅뱅』, 동아시아.

김재인·김시천·신현기·김지은(2021), 「뉴리버럴아츠(A New Liberal Arts) 인문학의 정립: 뉴노멀 시대 한국 인문학의 길」, 경제·인문사회연구회 정책보고서.

김지현(2014), 「학제적 교양교과과정의 특징과 의의: 하버드대학 '새 교양교육(New General Education)'을 중심으로」, 《교양교육연구》 8:3.

김홍표(2017), 『김홍표의 크리스퍼 혁명』, 동아시아.

데카르트, 르네(1641/2011), 『성찰』, 양진호 역, 책세상.

들뢰즈, 질·펠릭스 과타리(1972/2014), 『안티 오이디푸스』, 김재인 역, 민음사.

랠런드, 케빈(2017/2023), 『다윈의 미완성 교향곡: 문화는 어떻게 인간의 마음을 만드는가』, 김준홍 역, 동아시아.

로크, 존(1689/2002), 『통치론: 시민정부의 참된 기원, 범위 및 그 목적에 관한 시론』, 강정인·문지영 역, 까치.

리처슨, 피터 J.·로버트 보이드(2005/2024), 『유전자는 혼자 진화하지 않는다: 인류의 삶을 뒤바꾼 공진화의 힘』, 김준홍 역, 을유문화사.

문대원(2009), 『나노과학기술의 현재와 미래』, 김광용 엮음.

문태형(2000), 「창의성 체계이론과 교육환경: Csikszentmihalyi의 체계모형을 중심으로」, 《인문예술논총》 21.

민경호(2022), 「일본 아베 정부 도입한 'IB교육 표면적 실패' 논란」, 《경인미래신문》, 2022년 10월 25일.

백윤수 외(2012), 『융합인재교육(STEAM) 실행방향 정립을 위한 기초연구 최종보고서』, 한국과학창의재단.

버트니스, 마크(2020/2021), 『문명의 자연사』, 조은영 역, 까치.

샤이너, 래리(2001/2023), 『예술의 발명』, 조주연 역, 바다출판사.

서울대학교 60년사 편찬위원회(2006), 『서울대학교 60년사』, 서울대학교.

셸리, 메리(1818/2013), 『프랑켄슈타인』, 한애경 역, 을유문화사.

소쉬르, 페르디낭 드(1916/1995), 『일반언어학 강의』, 최승언 역, 민음사.

송경은(2017), '원시 인류 호모날레디, 현생 인류와 공존했다?', 《동아사이언스》, 2017년 5월 11일.

송승철 외(2019), 『인문학: 융합과 혁신의 사례들』, 경제인문사회연구회.

슈빈, 닐(2020/2022), 『자연은 어떻게 발명하는가』, 김명주 역, 부키.

스노우, C. P.(1959/2001), 『두 문화』, 오영환 역, 민음사.

슬롯닉, 스콧 D.(2017/2021), 『기억 인지신경과학』, 남기춘 역, 박영스토리.

윌슨, 에드워드(1998/2005) 『통섭』, 최재천·장대익 역, 사이언스북스,

이강재(2021), 「인문사회 학술연구지원의 현황과 과제」, 《교육현안보고서 2021》 6, 한국교육개발원 교육정책네트워크.

이남인(2015), 『통섭을 넘어서: 학제적 연구와 교육의 활성화를 위한 철학적 성찰』, 서울대학교출판문화원.

이영완(2024), 「25만 년 전 무덤 만든 인류, 넷플릭스 상상이었을까」, 《조선비즈》, 2024년 9월 3일.

이용화 외(2021), 「세인트존스 칼리지의 세미나 모델을 적용한 교양 세미나 수업 개발 및 효과 검증」, 《교양 교육 연구》 15:2.

이인아(2010), 「뇌인지과학의 성립에서 바라본 융복합 연구의 현장」, 《지식의 지평》 9.

이정모(2010), 「인지과학적 관점에서 본 학문의 융합」, 《철학과 현실》 84.

이진경·장병탁·김재아(2023), 『이진경 장병탁 선을 넘는 인공지능』, 김영사.

이혜정(2017), 『대한민국의 시험』, 다산지식하우스.

장재윤(2024), 『창의성의 심리학』, 아카넷.

장희창(1999), 「괴테 『색채론』의 구조와 그 현대적 의미」, 한국 괴테 학회 발표 논문.

정현종, 『정현종 시전집1』, 문학과지성사, 1999.

조한별(2016), 『세인트존스의 고전 100권 공부법』, 바다출판사.

조홍섭(2021), 「인류, 3천 년 전부터 '정보의 외장화'로 뇌 용량 줄였다」, 《한겨레》, 2021년 10월 25일.

짐머, 칼(2001/2018), 『진화』, 이창희 역, 웅진지식하우스.

최예정(2016), 「인문대를 해체하면 되는 걸까: 교양인문학 또는 인문학 융합교육의 가능성과 의미」, 《안과밖》 41.

최인수(1998a), 「창의성을 이해하기 위한 여섯 가지 질문」, 《한국심리학회지: 일반》 17:1.

최인수(1998b), 「창의적 성취와 관련된 제 요인들: 창의성연구의 최근모델인 체계모델(Systems Model)을 중심으로」, 《미래유아교육학회》 5:2.

최인수(2000), 「창의성을 이해하기 위한 체계모델(Systems Model)」, 《생활과학》 3:1.

최인수(2011), 『창의성의 발견: 창의성은 언제, 어디서, 무엇에 의해, 어떻게 발현되는가』, 쌤앤파커스.

최재천 외(2013), 『창의융합 콘서트』, 엘도라도.

최재천·주일우 엮음(2007), 『지식의 통섭』, 이음.

최현철(2015), 「융합의 개념적 분석」, 《문화와 융합》 37:2.

최현철(2019), 「융합교양교육의 새로운 패러다임을 위하여」, 《교양교육연구》 13:5.

칙센트미하이, 미하이(1996/2003), 『창의성의 즐거움』, 노혜숙 역, 북로드.

클라인, 슈테판(2021/2022), 『창조적 사고의 놀라운 역사: 뗀석기에서 인공지능까지, 인간은 어떻게 세상을 바꾸어왔는가』, 유영미 역, 어크로스.

타르드, 가브리엘(1895/2012), 『모방의 법칙』, 이상률 역, 문예출판사.

튜링, 앨런, 「계산 기계와 지능」, 김재인 역, in 김재인(2023), 『AI 빅뱅』, 동아시아.

푸엔테스, 아구스틴(2017/2018), 『크리에이티브』, 박혜원 역, 추수밭.

하틀리, 스콧(2017/2017), 『인문학 이펙트』, 이지연 역, 마일스톤.

헨릭, 조지프(2016/2019), 『호모 사피엔스, 그 성공의 비밀』, 주명진·이병권 역, 뿌리와이파리.

홍병선(2016), 「현행 융합교육에 대한 진단과 융합역량 제고 방안」, 《교양교육연구》 10:4.

홍성욱 엮음(2012), 『융합이란 무엇인가』, 사이언스북스.

홍성욱(2004), 「과학자의 창의성: 천재의 신화를 넘어」, 홍성욱, 『과학은 얼마나』, 서울대학교출판부.

홍성욱(2007), 「21세기 한국의 자연과학과 인문학」, 최재천·주일우 엮음, 『지식의 통섭』, 이음.

홍성욱(2011), 「성공하는 융합, 실패하는 융합」, 김광웅 엮음, 『우리는 미래에 무엇을 공부할 것인가』, 생각의나무.

홍성욱(2019), 「인공지능 시대에 융합과 창의성에 대해서 다시 생각함」, 《문명과경계》 2.

후드, 브루스(2014/2021), 『뇌는 작아지고 싶어 한다』, 조은영 역, 알에이치코리아.

후쿠오카 신이치(2010), 『동적 평형』, 김소연 역, 은행나무.

Bateson, G. (1979), *Mind and Nature: a Necessary Unity*, E. P. Dutton.

Bernard de Chartres, *Metalogicon* 3, de Jean de Salisbury.

Boden. Margaret A. (1998), "Creativity and Artificial Intelligence." *Artificial Intelligence*, 103.

Bronstein, L. R. (2002), "Index of interdisciplinary collaboration," *Social Work Research*, 26.

Bronstein, L. R. (2003), "A model for interdisciplinary collaboration," *Social Work Research*, 48.

Collins, Harry (2004), "Interactional expertise as a third kind of knowledge," *Phenomenology and Cognitive Sciences*, 3.

Collins, Harry, Robert Evans & Gorman, Mike (2007), "Trading zones and interactional expertise," *Studies in History and Philosophy of Science*, 38.

Csikszentmihalyi, M. (1988/2014). "Society, Culture, and Person: A Systems View of Creativity", In Csikszentmihalyi, M. (ed.), *The Systems Model of Creativity: The Collected Works of Mihaly Csikszentmihalyi*, Springer.

Csikszentmihalyi, M. (1999), "Implications of a Systems Perspective for the Study of Creativity", R. J. Sternberg (ed.), *Handbook of Creativity*, Cambridge University Press.

Denworth, Lydia (2023), "Brain Waves Synchronize when People Interact", *Scientific American*.

DeSilva, Jeremy M., James F. A. Traniello, Alexander G. Claxton & Luke D. Fannin (2021), "When and Why Did Human Brains Decrease in Size? A New Change-Point Analysis and Insights From Brain Evolution in Ants," *Frontiers in Ecology and Evolution*.

Donne, John (1959), *Devotions upon Emergent Occations*, Ann Arbor Paperbacks: The University of Michigan Press.

Galison, Peter (1999), "Trading zone: Coordinating action and belief" in M. Biagioli (ed.), *The Science Studies Reader* (New York: Routledge).

Golli, Giorgo & Mazzino Montinari (hrs.) (1999), *Kritische Studienausgabe* in 15 Bänden, Berlin & New York: Walter de Gruyter.

Harris, Celia B., Amanda J. Barnier, John Sutton & TPaul G. Keil (2014), "Couples as socially distributed cognitive systems: Remembering in everyday social and material contexts", *Memory Studies*, 7:3.

Hobbes, Thomas (1656), "Of Identity and Difference," *Elements of Philosophy, the First Section, concerning Body* (London: Printed by R & W Leybourn, for Andrew Crocke, at the Green Dragon in Pauls Church-yard).

Kanelos, Panayiotis (2018), "An Ancient Approach to Education for the Post-Modern World", 2018년 한국교양교육학회 국제학술대회.

Leroi-Gourhan, A. (1964), *Le Geste et la Parole, vol. 1: Technique et langage*, Albin Michel.

Leroi-Gourhan, A. (1965), *Le Geste et la Parole, vol. 2: La Memoire et les Rythmes*, Albin Michel.

Majchrzak, Ann, Lynne P. Cooper & Olivia E. Neece (2004), "Knowledge Reuse for Innovation." *Management Science*, 50.

Mastroianni, Adam M. & Daniel T. Gilbert (2023), "The illusion of moral decline", *Nature*, 618.

Plutarch, *Plutarch's Lives*, vol. 1, trans. John Dryden (Little, Brown and Company, 1910).

Rikkiev, Andrei & Saku Makinen (2009), "Success factors for technology integration convergence collaborations: Empirical assessment," *PICMET 2009 Proceedings* (Oregon, USA).

Sievers, Beau, Christopher Welker, Uri Hasson, Adam M. Kleinbaum & Thalia Wheatley (2024), "Consensus-building conversation leads to neural alignment", *Nature Communications*, 15.

Spinoza, Benedictus de, Curley, Edwin (ed. & tr.) (1985), *The Collected Works of Spinoza*, vol. 1, Princeton: Princeton University Press.

Turnbull, H. W. ed. (1959), *The Correspondence of Isaac Newton: 1661~1675*, Volume 1, London, UK: Published for the Royal Society at the University Press.

공동 뇌 프로젝트

© 김재인, 2025. Printed in Seoul, Korea

초판 1쇄 찍은날	2025년 2월 4일
초판 1쇄 펴낸날	2025년 2월 14일
지은이	김재인
펴낸이	한성봉
편집	최창문·이종석·오시경·이동현·김선형
콘텐츠제작	안상준
디자인	최세정
마케팅	박신용·오주형·박민지·이예지
경영지원	국지연·송인경
펴낸곳	도서출판 동아시아
등록	1998년 3월 5일 제1998-000243호
주소	서울시 중구 필동로8길 73 [예장동 1-42] 동아시아빌딩
페이스북	www.facebook.com/dongasiabooks
전자우편	dongasiabook@naver.com
블로그	blog.naver.com/dongasiabook
인스타그램	www.instargram.com/dongasiabook
전화	02) 757-9724, 5
팩스	02) 757-9726

ISBN	978-89-6262-647-6 03300

만든 사람들

책임편집	박일귀·이종석
디자인	pado
크로스교열	안상준